AF576304

# Heidegger
# et le problème de la métaphysique

## Ouverture philosophique

*Collection dirigée par Aline Caillet, Dominique Chateau, Jean-Marc Lachaud et Bruno Péquignot*

Une collection d'ouvrages qui se propose d'accueillir des travaux originaux sans exclusive d'écoles ou de thématiques.

Il s'agit de favoriser la confrontation de recherches et des réflexions, qu'elles soient le fait de philosophes « professionnels » ou non. On n'y confondra donc pas la philosophie avec une discipline académique ; elle est réputée être le fait de tous ceux qu'habite la passion de penser, qu'ils soient professeurs de philosophie, spécialistes des sciences humaines, sociales ou naturelles, ou… polisseurs de verres de lunettes astronomiques.

### Dernières parutions

Aouichaoui Mohamed KARRAY, *Thomas Hobbes et l'idée de puissance*, 2015.

Jalal BADLEH, *De Derrida à Lévinas, La dette et l'envoi,Le temps de l'autre, La déconstruction et l'invention du futur*, 2015.

Lilia BACHA, *Le Regard en-péché, Réflexion sur le regard porté sur le corps féminin*, 2015.

Andreas WILMES, Johan-Antoine MALLET (eds), *Figures philosophiques du conflit*, 2015.

Adrien DIAKIODI, *Le combat philosophique de Maurice Blondel contre la double ignorance des masses,* 2015.

Samir MESTIRI, *L'ironie de Socrate. Essai sur l'ironie philosophique*, 2015.

Paul DUBOUCHET, *Demain, l'apocalypse ? De la guerre au terrorisme… Les véritables causes*, 2015.

Etienne PIERRE, *Le boudoir de la mort ou l'imposture de Sade*, 2015.

Gérald ANTONI, *Le Saint Nom de Jésus. Mystère et révélation*, 2015.

Stéphane MOURAD, *L'unité de l'intellect. Histoire d'une controverse*, 2015.

Jean-Louis BISCHOFF, *Corps et pop culture*, 2015.

André DOZ, *La voie de l'être*, 2015.

Joël Balazut

# Heidegger
# et le problème de la métaphysique

**5-7, rue de l'Ecole-Polytechnique, 75005 Paris**

http://www.harmattan.fr
diffusion.harmattan@wanadoo.fr
harmattan1@wanadoo.fr

ISBN : 978-2-343-07296-8
EAN : 9782343072968

*« Die Metaphysik... ist das Dasein selbst »*[1].

1. Martin Heidegger, *Was ist Metaphysik ?*, Vittorio Klostermann, Frankfurt A.M., 1981, p. 41.

# Introduction

Contrairement à ce qui est souvent affirmé et en dépit de certaines formulations de sa part qui prêtent parfois à confusion, Heidegger n'a pas voulu dépasser la métaphysique, mais il s'est, tout au contraire, employé à retrouver son sens fondamental, ou encore originel, oublié et renié par la métaphysique traditionnelle depuis Platon et Aristote. Cela commence à apparaître très clairement dans la conférence *Qu'est-ce que la métaphysique ?* (1929), où il affirme que « la métaphysique compose la nature de l'homme »[2] en tant qu'il comprend l'être, qu'il en est le « là », qu'il est *Dasein.* C'est pourquoi, il pourra aller jusqu'à écrire dans cette même conférence que « la métaphysique… est le *Dasein* lui-même »[3]. Or, c'est à partir du cours de 1935, *Introduction à la métaphysique*, que le sens plein et entier de ce retour au fondement de la métaphysique - qui passera par une réappropriation de la pensée présocratique - va commencer à être développé, de sorte que c'est avec ce texte que sa pensée atteint pour la première fois le sommet qu'elle ne quittera plus. Mais, si cette orientation fondamentale de la pensée heideggérienne n'apparaît pas clairement, et ce, au point de n'avoir été quasiment jamais véritablement comprise, c'est, nous allons le voir, à cause d'une équivoque fondamentale inhérente à sa pensée.

---

2. Martin Heidegger, *Qu'est-ce que la métaphysique ?*, in *Questions I*, Paris, Gallimard, 1976, p. 71.
3. *Ibid., Cf.* aussi, *Was ist Metaphysik ?*, p. 41.

A Dominique Janicaud, qui lui faisait part de son étonnement devant le fait que Heidegger ait voulu, d'une part, un enterrement religieux, et d'autre part remplacer la croix sur sa tombe par une étoile, Kostas Axelos répliqua : « Mais Heidegger *est* tout entier dans cette césure »[4]. A notre connaissance, il est le seul à avoir reconnu à ce jour qu'il n'y a pas d'unité de la pensée heideggérienne, mais que « c'est une pensée clivée »[5], à cause de la persistance en elle de «... l'élément à proprement parler « théologique » »[6]. Dès L'Introduction du traité inachevé de 1927, *Etre et temps*, Heidegger annonce, on le sait, un renouvellement de la question de l'être, qui devrait enfin être posée de manière radicale à partir du *mot être*. Or, ce questionnement heideggérien sur le sens originel de l'être, s'est orienté peu à peu, après *Etre et temps*, vers un retour aux fondements oubliés de la métaphysique (de l'ouverture à l'être) dans la poésie mythique grecque, chez les poètes tragiques ainsi que chez les philosophes présocratiques - retour qui fut approfondi tout au long de son existence, jusqu'au *Séminaire de Zähringen* de 1973, lequel se termine sur une lecture de Parménide. Mais, cette réappropriation pensante de la poésie-pensée grecque originelle de l'être, fut en même temps contrariée et même contredite, en permanence, par une inquiétude religieuse jamais démentie, laquelle éclate par exemple dans les *Beiträge zur Philosophie* (1938). Dans cette tout autre perspective, il s'agit alors de dépasser la pensée grecque

---

4. Dominique Janicaud, *Heidegger en France*, T. II, Paris, Hachette, 2005, p. 23.
5. *Op. cit,* p. 26.
6. *Ibid.*

elle-même, ainsi que toute forme de métaphysique. En effet, il ne faut plus voir du tout en l'être - envisagé maintenant comme une mystérieuse « avancée d'absence » - un fondement de l'étant comme qu'on le conçoive, et il faut développer « une autre pensée », laquelle n'est plus philosophique et doit préparer, dans le cadre d'une forme particulière de théologie négative, la venue énigmatique du « dernier dieu », demeurant en retrait[7].

Cette inquiétude théologique récurrente, ce clivage qui contredit le projet fondamental de Heidegger et en brouille totalement le sens, fait obstacle à la juste compréhension de ce profond mouvement de pensée qui le conduisit en même temps, à partir du milieu des années trente, dès le cours *Introduction à la métaphysique* (1935), dont on ne saurait surestimer l'importance, et les conférences sur *L'Origine de l'œuvre d'art* (qui le complètent), à trouver le sens originel de l'être dans le concept grec pré-platonicien de *Phusis* (Nature). Ce concept de *phusis* - en lequel Heidegger découvre donc le sens originel de l'être et qui, nous le verrons, porte et domine totalement la poésie-pensée grecque la plus ancienne - désigne cette éclosion (*Aufgehen*) permanente à laquelle l'homme est ouvert, par laquelle l'étant en totalité se déploie depuis toujours à partir et en direction d'un fond chaotique informe et béant, de sorte que l'ensemble de ce qui est n'a pas d'autre sens qu'« être » (sans raison).

Si, comme le dit Heidegger dès 1929, la métaphysique « compose » la nature de l'homme, c'est dans la mesure où, par essence, il se tient toujours

---

7. Martin Heidegger, *Apports à la philosophie*, Paris, Gallimard, § 256.

implicitement ouvert *a priori* à travers l'angoisse, à cet au-delà (*méta-*) de l'étant qu'est l'être (qui n'est rien d'étant mais s'identifie au néant), de manière à pouvoir alors *regagner* l'étant, qui se montrera ainsi à lui (en ressortant sur ce fond) *comme tel*, c'est-à-dire en tant qu'il *est*. Or, à partir de 1935, une telle ouverture *a priori* de l'homme à cet au-delà de l'étant qu'est l'être, qui le caractérise en propre et que Heidegger a nommé la *transcendance* du *Dasein*, va être précisée de manière décisive. En effet, cet au-delà non ontique de l'étant, ce *méta-* auquel conduit la méta-physique, ne sera plus conçu comme un simple néant, ainsi qu'il le pensait encore en 1929 dans la conférence *Qu'est-ce que la métaphysique ?*, mais comme le fond chaotique abyssal et retiré de la *phusis*. Or, c'est à partir de là que pourront être alors dévoilés les étants comme tels (les *phusei onta*), de sorte que l'homme se tienne « dans » la vérité sous sa forme primaire et en son sens grec, comme *dévoilement*, c'est-à-dire dans l'*aletheia*. La métaphysique originelle, qu'avaient mise au jour la poésie et la pensée grecques pré-platoniciennes, est ainsi conçue - en tant qu'elle exhibe le sens originel de l'être - comme constituant l'essence même de l'homme, laquelle est le plus souvent recouverte. Cette métaphysique n'est pas, d'abord, pour Heidegger, un savoir ontique (portant sur l'étant), mais un savoir ontologique (portant sur l'être) implicite, *préalable* et *a priori*, qui permet ensuite le dévoilement de l'étant en totalité comme tel, en tant qu'il « est ». La métaphysique, en son développement explicite n'est donc que *l'anamnèse* d'un savoir *a priori* de l'être, d'abord latent en l'homme comme *Da-sein* dans le cadre de la vie quotidienne, mais qui *prépare* cependant l'ouverture, ou le dévoilement primaire de l'étant (comme tel).

Heidegger, en retournant ainsi aux fondements pré-platonicien de la métaphysique, et en voyant en celle-ci l'essence même du *Dasein*, arrache l'homme à toute « hallucination de l'arrière monde » en faisant de lui un « être-au-monde », lequel est fondamentalement un *mortel* pour qui la vérité originelle se dévoile dans la nature (la *phusis*), dans le monde sensible des phénomènes, reconnu comme étant le seul et unique monde, n'ayant pas d'autre sens qu'« être » (sans fond) dans la mesure où son *au-delà* (*meta-)* n'est rien d'autre en fait qu'un *en deçà* immanent, chaotique et insondable, conformément à ce qu'écrit Hésiode au vers 116 de sa *Théogonie*.

C'est sur une telle base que Heidegger va alors, peu à peu, proposer une lecture révolutionnaire de la métaphysique traditionnelle telle qu'elle s'est développée depuis Platon et Aristote jusqu'à son renversement nietzschéen dans une ontologie de la vie, laquelle en est en fait le plein aboutissement. En effet, celle-ci ne sera plus comprise elle-même comme un savoir ontique, une prétendue science suprême, mais comme le lieu même de l'anamnèse, et de la mise au jour, de ce nouveau savoir *a priori* de l'être comme *substance*, ou encore « présence constante » (dérivé car déniant son sens originel de *phusis*), habituellement caché dans le comportement quotidien, qui conditionne l'ouverture de l'étant pour l'homme occidental et commande totalement son comportement à l'égard de celui-ci. Cela signifie que la métaphysique, aussi bien en son sens originel qu'en son sens dérivé (dans la tradition philosophique depuis

Platon), met au jour, à chaque fois, les conditions de possibilités ontologiques *a priori*, d'une forme de dévoilement implicite de l'étant comme tel pour une civilisation donnée, lequel dévoilement va ensuite commander secrètement le comportement concret de cette civilisation à son égard, et partant le développement historique de cette civilisation.

Il découle alors de cela que la métaphysique traditionnelle a un sens profond et présente un grand intérêt, en ce qu'elle n'exhibe rien de moins que les présupposés ontologiques qui commandent secrètement, mais totalement, l'histoire de la civilisation occidentale. Pour Heidegger, on le sait, elle est en effet, le seul texte dans lequel peut se lire et s'interpréter le sens véritable de l'histoire de l'Occident en tant qu'elle trouve son commencement en Grèce antique et qu'elle débouche finalement, s'étant mondialisée, sur le règne de la technique planétaire. Or, cette analyse permettra d'établir que le phénomène de l'oubli de l'être, c'est-à-dire « l'effondrement » (*Einsturz*) de l'ouverture au sens originel de celui-ci, qui commande le « déclin » (*Verfall*, *Abfall*) de l'Occident tel que le diagnostique Heidegger, ne provient pas de la métaphysique, comme une lecture hâtive de ses textes pourrait le donner à penser, mais au contraire de l'oubli de son sens originel. Autrement dit, la métaphysique traditionnelle (depuis Platon) doit être comprise comme un *dévoiement* du sens originel de celle-ci en tant « qu'elle compose la nature de l'homme », ou encore en tant qu' « elle est le *Dasein* lui-même » suivant les formulations, que nous avons déjà évoquées, de la conférence *Qu'est-ce que la métaphysique ?*[8] La métaphysique traditionnelle exhibe donc le *Da-sein* de l'homme occidental (lequel est dérivé par rapport à l'essence originelle de celui-ci). Cette métaphysique, dans le développement progressif de son histoire apparaîtra ainsi, comme ce déni progressif de l'essence métaphysique originelle de l'homme, dans et par laquelle, en étant ouvert *a priori* au fond abyssal et béant de l'étant, il était le lieu d'un dévoilement de celui-ci comme règne des phénomènes, comme ce qui de soi-même se montre et se déploie sans raison et comme ce en quoi il lui revenait de séjourner en tant que mortel. Un tel déni conduira finalement à ce règne contemporain de la technique planétaire qui n'est rien d'autre que la mise en place, chez l'homme, de ce qu'on pourrait appeler une *hubris* de la vie (en laquelle s'accomplit, on le verra, l'ontologie de la substance), où seule compte l'action opérante en vue de l'utilisation efficace de l'étant. Or, ainsi qu'on le verra, cette *hubris* de la vie, subvertie depuis l'intérieur par les puissances de l'être qu'elle croyait maîtriser, deviendra elle-même le vecteur d'une « insurrection » de l'être (du fond chtonien retiré de la *phusis*), menaçant l'étant.

Nous allons donc essayer de montrer que, pour Heidegger, il ne s'agit pas de renier ou de dépasser la métaphysique, mais de regagner les fondements de celle-ci. Pour cela, il nous faut présenter la réflexion heideggérienne sur la métaphysique, telle qu'elle s'est développée et approfondie à partir du cours de 1935 *Introduction à la métaphysique* - qui éclaire et complète la

---

8. Martin Heidegger, *Qu'est-ce que la métaphysique ?*, in *Questions I*, Paris, Gallimard, 1976, p. 71.

conférence *Qu'est-ce que la métaphysique ?* - et à travers lequel Heidegger atteint enfin pour la première fois, ainsi que nous l'avons déjà suggéré, le sommet de sa pensée, c'est-à-dire ce qu'il ne fera plus que développer et approfondir jusqu'à la fin de sa vie, comme Jean Beaufret l'avait bien compris. « L'année décisive, écrit-il en effet, est ici 1935. D'où l'allégresse d'un nouveau départ qu'est huit ans après 1927, le cours du semestre d'été : *Introduction à la métaphysique*, qui… retrouve le mouvement, l'allant, le coup d'aile de *Sein und Zeit*. Je me rappelle mon émerveillement lorsque je lus pour la première fois ces pages au printemps de 1952 »[9]. Or, non seulement Heidegger accède là à l'accomplissement même de sa pensée, mais il ne sera jamais plus aussi explicite que dans ce cours sur l'orientation fondamentale de celle-ci. Il est dit en effet clairement dans ce cours, que l'oubli du sens originel de l'être, à partir de Platon et d'Aristote, se manifeste par un ensemble d'oppositions ou de *scissions*, entre : « être et devenir », « être et apparaître (ou apparence) », « être et penser », « être et devoir être », et aussi, entre existence (quoddité) et essence (quiddité)[10]. Et Heidegger ajoute alors que ce qui a été ainsi maintenu « … dans un état de scission, a une tendance originaire à ne faire qu'un »[11]. Cela signifie clairement que rétrocéder en deçà de ces scissions, en retrouvant la pensée des Présocratiques chez qui elles n'étaient pas encore

9. Jean Beaufret, *Dialogue avec Heidegger*, IV, Paris, Minuit, 1985, p. 94.
10. Martin Heidegger, *Introduction à la métaphysique*, Paris, Gallimard, 2006, p. 103 et p. 185-188.
11. *Ibid*, p. 103.

présentes, comme le fait Heidegger dans ce cours de 1935, revient à regagner le sens originel de l'être. A travers le concept de *phusis*, les Présocratiques ont, en effet, nous le verrons, bel et bien déployé ce que dit en secret le mot « *être* », qui véhicule l'ontologie originelle.

Heidegger va alors s'efforcer de montrer que le monde occidental devenu planétaire, voué à la technique et au nihilisme, est issu de l'« effondrement (*Einsturz*) »[12], ou du « déclin (*Verfall*) »[13], du « grand commencement » de la philosophie grecque chez les Présocratiques[14] où l'être avait été pensé en son sens fondamental, à travers le concept de *phusis*, et où avait donc été constituée ce qu'on pourrait appeler, la « métaphysique originelle ». Cette expression, qui n'est pas employée par Heidegger lui-même, nous paraît cependant totalement justifiée à la lecture du cours, qui affirme clairement que le questionnement sur la *phusis* est déjà en lui-même métaphysique. Voici, en effet ce qu'il écrit : « Le questionner philosophique sur l'étant comme tel est *méta ta phusika* ; il questionne au-delà de l'étant, il est métaphysique.... D'après l'explication du mot *phusis*, celui-ci signifie l'être de l'étant. Si on questionne *péri phuseos*, sur l'être de l'étant, alors le traité sur la *phusis*, la « physique » au sens ancien, est déjà en lui-même au-delà de *ta phusika*, au-delà de l'étant auprès de l'être... la « Physique » détermine dès l'origine l'essence et l'histoire de la métaphysique »[15]. Dans la mesure où c'est l'oubli de

12. p. 193-194.
13. p. 175.
14. p. 28.
15. p. 29-30.

ce sens premier de la métaphysique qui commande le déclin de l'Occident, il faudra répéter ce commencement, quoique de façon encore plus originaire[16].

C'est donc l'oubli du sens originel de l'être, de ce que veut dire « être », qui caractérise le « déclin » et le nihilisme occidentaux. Or, cet oubli se manifeste avec la nouvelle interprétation de l'être qui se met en place dans la métaphysique telle qu'elle a été développée à partir Platon et Aristote. C'est pourquoi, « la philosophie des Grecs n'arrive pas à régner sur tout l'Occident par son commencement original mais par sa fin initiale »[17]. Ce qui caractérise fondamentalement le monde moderne, à savoir : « La frénésie sinistre de la technique déchaînée et de l'organisation sans racine de l'homme normalisé… l'obscurcissement du monde, la fuite des dieux, la destruction de la terre, la grégarisation de l'homme »[18], tout cela provient donc du fait que les peuples « sont tombés hors de l'être sans le savoir »[19]. Le fait que le mot être soit devenu un mot vide à la signification indéterminée ne fait qu'un avec le nihilisme moderne, de sorte que « ce qui est désigné par le mot « être » abrite le destin spirituel de l'Occident »[20]. Montrer le sens de cela de manière précise, telle va être la tache fondamentale du cours de 1935, que nous allons présenter maintenant. Or, dans la mesure où, avec ce cours (et les autres textes de

16. p. 50.
17. *Ibid.*, p. 192.
18. p. 49.
19. p. 48.
20. p. 53.

cette période), Heidegger accède pour la première fois - mais de manière encore en partie inaboutie - au sommet de sa pensée, il nous faudra l'éclairer en l'enrichissant des développements ultérieurs, qui eux-mêmes doivent être exclusivement compris à partir de là. Il faudra aussi, lorsque cela deviendra nécessaire, nous tourner vers Hölderlin, dont Heidegger, en 1935, commence à mesurer la proximité avec sa propre démarche, ainsi que l'importance capitale pour comprendre la signification de notre temps.

# PREMIERE PARTIE

## Le retour au fondement de la métaphysique comme réappropriation de la pensée grecque originelle

La métaphysique traditionnelle, à partir de Platon et d'Aristote, se caractérise par ceci qu'elle franchit d'un saut l'ouverture originelle des Grecs anciens à l'omniprésence englobante de la *phusis*, telle qu'elle se montrait aux sens en sa venue en présence phénoménale, se déployant « pour rien », à partir de son propre fond chaotique abyssal, et épuisant ainsi son sens à « être ». Elle va, en effet, dévaloriser ce règne de l'existence donné aux sens, le considérer comme inconsistant, et lui chercher un fondement substantiel (subsistant par soi) situé dans un au-delà intelligible. C'est pourquoi, très vite, dès Aristote, elle culminera dans une théologie rationnelle. Tel est le commencement de cette tradition métaphysique qui va engendrer une scission fondamentale (un *korismos*) entre, d'une part, l'être, considéré comme une présence constante, une essence située au-delà du sensible, substantielle et immuable, et d'autre part, le monde sensible de l'existence, de l'apparaître et du devenir, considéré comme inconsistant et devant être fondé. La métaphysique traditionnelle commence donc lorsque l'homme devient, suivant le mot célèbre de Nietzsche dans *Ainsi parlait Zarathoustra*, un « halluciné de l'arrière-monde », qui pense que la réalité véritable se trouve dans un « au-delà », que ce monde-ci (le monde sensible) n'est donc qu'une réalité subordonnée, de second ordre. L'homme, oubliant qu'il est fondamentalement un *mortel*, devient alors lui-même, le *captif* de cet arrière monde, auquel il s'efforce de s'articuler.

A partir de là, l'être ne parle plus dans le mot être, qui sera finalement considéré comme un mot vide mais il doit être recherché au fil conducteur d'une question portant sur le fondement de l'étant présupposé. Il s'agit de la question *ti estin* chez Platon, qui deviendra chez Aristote, la question *ti to on*, « Qu'est-ce que l'étant ? », telle qu'elle est posée au début livre *gamma* de la *Métaphysique*. Plus tard elle sera radicalisée par Leibniz, sous la forme de la question : « Pourquoi y a-t-il quelque chose plutôt que rien ? ». Heidegger rapprochera, en effet, explicitement ces deux questions, au point de quasiment les identifier dans son livre sur Nietzsche. Voici ce qu'il écrit : « Nous nous en tenons à la question qu'Aristote a prononcée en tant que ce qui demeure la question de la pensée : Qu'est-ce que l'étant ? (…). Elle éprouve ainsi qu'il y a de l'étant… Mais cette expérience glisse insensiblement dans la voie du questionnement métaphysique de la question laquelle ultérieurement a été formulée ainsi par Leibniz : Pourquoi somme toute y a-t-il de l'étant plutôt que rien ? Cette question questionne jusque dans la cause suprême et jusque dans le suprême fondement de l'étant. Elle est la question surgissant dès le début de la métaphysique, chez Platon et Aristote, c'est-à-dire à partir de l'essence de la métaphysique, s'enquérant du *théion*… la métaphysique est en elle-même théologie. Elle l'est pour autant qu'elle dit l'étant en tant que l'étant, le *on e on*. L'ontologie est dans le même temps et nécessairement de la théologie »[21]. Or, ces questions métaphysiques, bien qu'elles s'orientent, exclusivement,

---

21. Martin Heidegger, *Nietzsche*, T. II, Paris, Gallimard, 1980, p. 278-279.

vers un fondement absolu de l'étant, s'enracinent cependant, ainsi que le suggère le début du texte que nous venons de citer, dans un étonnement devant la simple présence de l'étant comme tel, en tant qu'il *est*.

C'est pourquoi, au début du cours *Introduction à la métaphysique*, Heidegger va dégager la question de l'être, comme pré-question oubliée, à partir de la question fondamentale de la métaphysique : « pourquoi y a-t-il de l'étant et non pas rien ? ». Mais si cette question est réitérée, ce n'est plus maintenant dans la perspective d'une réponse, mais bien plutôt pour provoquer une expérience radicale de l'étrangeté de l'étant en totalité en tant qu'il *est* et qu'il pourrait ne pas être. En incluant l'étant « dans le champ de l'alternative la plus vaste qui soit, et en même temps la plus dure - ou bien l'étant, ou bien le néant »[22], cette question *réveille* en nous une ouverture originelle à l'étrangeté de la simple *présence* de l'étant englobant en totalité, au fait qu'il *est*, en étant cependant toujours miné par le néant, et qu'il nous englobe. L'« être » en son sens grec originel voulait dire, en effet, présence[23], laquelle devait être comprise, cependant, comme incluant l'absence : « l'alternance entre l'épanouissement et l'évanouissement est... l'être même »[24] écrit Heidegger. Envisagée de la sorte, c'est-à-dire de manière à réveiller notre étonnement devant l'étrangeté de ceci que « l'étant *est* », la question fondamentale de la métaphysique, conduit alors à poser la question préalable et plus radicale

---

22. Martin Heidegger, *Introduction à la métaphysique,* p. 41.
23. *Ibid.*, p. 71.
24. p. 123.

du sens de « être »[25]. Or, si le sens originel de l'être semble oublié aujourd'hui, les Grecs antérieurs à Platon, dans la poésie mythique, la tragédie, et encore dans la poésie-pensée des Présocratiques, l'avaient pensé, nous l'avons déjà dit, à travers le mot fondamental de leur pensée, le mot *Phusis*. Il y a en effet, ainsi que le souligne Heidegger, dans la grande poésie (et dans l'art en général) une bien plus grande profondeur que dans la science, ce qui la rapproche de la philosophie[26]. C'est pourquoi, à l'origine, poésie et pensée n'étaient pas encore séparées, de sorte que la pensée des philosophes présocratiques (celle de Parménide par exemple) s'exprimait sous forme de poèmes. Il faut donc se réapproprier le sens fondamental, méconnu aujourd'hui, de cette poésie-pensée grecque pré-platonicienne.

Que les Présocratiques n'aient fait rien d'autre, selon Heidegger, qu'exhiber le sens originel de l'être, tel qu'il se dit en secret à travers le *mot être* qui nous paraît vide aujourd'hui, est parfois contesté par les commentateurs. Il faut donc citer un texte de la conférence de 1955, *Qu'est-ce que la philosophie ?*, qui explicite le sens de l'expression « *En Panta* », telle que l'emploie Héraclite dans le fragment 50. Cette expression, qui dit littéralement que « tout est un », désigne, selon Heidegger, l'étant en totalité en tant qu'il se montre comme recueilli en l'être, au sens de ce que dit le *verbe être* : elle le désigne donc comme une totalité n'ayant pas d'autre sens qu' « être » (sans raison et pour rien) et n'étant ainsi rien d'autre qu'étonnante, structurellement étrange. Voici, en

---

25. p. 44 et 53.
26. p. 38.

effet, ce qu'écrit Heidegger : « Tout l'étant est en l'être. Voilà qui résonne à note oreille d'une manière triviale, sinon offensante. Car de cela que l'étant a son appartenance dans l'être, nul n'a besoin d'avoir cure. Tout le monde le sait bien : étant est ce qui est. Quelle autre issue y a-t-il pour l'étant que celle-ci : être ? Et pourtant : justement ceci, que l'étant demeure recueilli en l'être, que l'étant apparaît dans la lumière de l'être, voilà ce qui plaça les Grecs, et eux d'abord, et eux seuls, dans la dimension de l'étonnement. L'étant (recueilli) dans l'être, voilà ce qui devint, pour les Grecs, le plus étonnant »[27]. C'est pourquoi, il faut comprendre que les philosophes présocratiques, ont tous dit, au fond, la même chose.

En effet, en dépit des apparences, et contrairement à ce que prétend la tradition qui oppose brutalement Parménide et Héraclite, les Présocratiques ont tous exhibés la même conception originelle de l'être comme *phusis*, l'éclairant chacun sous un angle particulier de sorte que leurs pensées se complètent au lieu de s'opposer[28]. Il revient, tout d'abord, à Parménide d'avoir nommé, dans son Poème, la plénitude immuable et inengendrée de l'être en son unité[29]. Or, pour lui cette plénitude immobile, toujours déjà là, ne constitue pas un au-delà intelligible du sensible comme l'a cru la tradition philosophique qui a interprété sa pensée à contresens, mais elle est une totalité englobante qui contient en elle la diversité de ce qui apparaît aux sens : elle n'est rien d'autre que ce monde-ci, au sein duquel nous séjournons, qui est le seul monde,

27. *In* Martin Heidegger, *Questions II*, Paris, Gallimard, 1977, p. 22.
28. *Introduction à la métaphysique*, p. 106.
29. *Ibid,* p. 105.

considéré comme un tout éternel[30] et comme un *règne* (*Walten*) de la présence. En effet, écrit Heidegger, « Ce n'est que dans la sophistique et Platon que l'apparence (ou l'apparaître) est déclarée trompeuse »[31]. L'être, la *phusis*, est donc cette plénitude de présence éternelle et immuable par delà ses métamorphoses, qui exclut le néant au sens où elle *l'inclut* en elle, et qui contient en elle « la diversité de ce qui apparaît » (Frgt. I) en l'unifiant. C'est donc à partir de là qu'il faut comprendre les vers suivants du fragment huit, qui, dit Heidegger, « … sont là dressés comme des statues grecques archaïques »[32] :

« Être est sans naître et sans périr, se tenant seul là tout entier aussi bien que sans tremblement en soi et n'ayant jamais eu besoin d'être terminé ; il n'était pas non plus autrefois, ni ne sera quelque jour, car étant le présent, il est tout à la fois ; unique, unissant, uni, se rassemblant en soi à partir de soi (tenant ensemble plein de présence) »[33].

L'erreur des hommes est donc de ne voir à chaque fois qu'un aspect des choses sans comprendre que les opposés se complètent et forment une totalité (frgt VIII). Parménide veut donc dire que la totalité de l'étant en sa diversité, le monde sensible des choses qui apparaissent (*dokounta*) participe de la plénitude et de l'unité éternelle de l'être.

---

30. p. 144.
31. p. 114.
32. p. 105.
33. *Ibid.*

Il revient à Héraclite d'avoir insisté sur l'unité comme jeu et confrontation (*polemos*) des opposés. Héraclite, n'est donc pas le penseur du pur devenir, opposé à Parménide comme penseur de l'unité de l'être, mais il a montré comment c'est dans la plénitude immuable de l'être que jouent les opposés, s'il est vrai que l'unité de l'être est « appartenance réciproque des efforts antagonistes »[34]. L'être, la *phusis*, est donc non seulement une plénitude de présence qui inclut en elle l'absence et la diversité contrastée de ce qui est, mais elle est ce qui unifie, relie et rassemble, ces opposés en leurs tensions antagoniste mêmes. Elle est donc une unité déchirée en elle-même, habitée par une contradiction fondamentale. Or, tel est le sens originel du mot *logos*, qui selon Heidegger ne signifiait pas d'abord discours ou pensée, mais le rassemblement (*Sammlung*) qui recueille et unifie[35]. La *phusis* est donc *logos* au sens où elle est en elle-même *polemos,* « rassemblement des efforts antagonistes »[36] : il s'agit d'un rapport (d'une unité) dans la différence même, donc absent à lui-même ; il s'agit d'un rapport à soi hors de soi de l'hétérogène qui ne peut donc pas se poser comme une identité, c'est-à-dire être présent à soi. La *phusis*, s'auto-déploie comme jeu spatio-temporel de différences, ou encore de contrastes (entre terre et ciel, jour et nuit, génération et corruption...), de manière en quelque sorte « aveugle ». Or, cet ordre nécessaire de la *phusis*, comme jeu et alternance des opposés, à la « loi » duquel l'étant dans son ensemble est

34. p. 141-142.
35. p. 136.
36. p. 72 et 139.

soumis (toute chose étant vouée à naître et à mourir, et à entrer dans un rapport à la fois de solidarité et d'opposition avec les autres), sera aussi appelé par les Présocratiques *Diké* (ordre cosmique) ou *Moïra* (Destin). Il faut apporter maintenant une précision supplémentaire et décisive, sans laquelle ce qu'est la *phusis* ne pourrait être pleinement compris.

En effet, l'oubli du sens originel de l'être qui conduit au *korismos*, à la séparation entre le sensible et l'intelligible, doit être compris comme oubli de la « différence ontologique », laquelle doit être envisagée comme cette solidarité totale de l'être et de l'étant en leur différence même au sein de la *phusis*. Or, les conférences sur *L'Origine de l'œuvre d'art* qui sont contemporaines du cours de 1935 sur la métaphysique, nous apprennent que l'être, dans ce qui le différencie de l'étant, doit être pensé comme cette dimension, toujours déjà là et immuable certes (ne connaissant ni perte ni surcroît), mais indistincte, insondable et béante - déchirée en elle-même entre une puissance productrice inlassable et une tendance inverse à tout reprendre en elle - qui est la *terre* comme essence originelle de la *matière*. Le fondement de la *phusis*, de l'épanouissement (*Aufgehen*) de l'étant en totalité, n'est en effet, rien d'autre pour Heidegger, que ce qu'il appelle la *Terre*, de sorte qu'elle constitue le sens originel de l'être. Voici, en effet ce qu'il écrit :

« L'immensité du ciel, les ténèbres de la nuit… la houle des flots de la mer… l'arbre et l'herbe, l'aigle et le taureau, le serpent et la cigale : cette apparition et cet épanouissement mêmes, et dans leur totalité, les Grecs les ont très tôt nommés *Phusis*. Ce nom éclaire en même temps ce sur quoi et en quoi l'homme fonde son séjour. Cela nous le nommons la *Terre*. De ce que ce mot dit ici, il faut écarter aussi bien l'image d'une masse matérielle déposée en couches que celle, purement astronomique d'une planète. La *Terre* c'est le sein dans lequel l'épanouissement reprend, en tant que tel, tout ce qui s'épanouit (…). Elle est ce qui, ressortant, reprend en son sein (*das Hervorkomend-Bergende*). La terre est l'afflux infatigué de ce qui est là pour rien (…). La terre n'apparaît comme telle que là où elle est gardée et sauvegardée en tant que l'indécelable par essence, qui se retire devant tout décel, c'est-à-dire qui se retient en constante réserve… La terre est par essence ce qui se renferme en soi… [elle] est la libre apparition de ce qui se referme constamment sur soi, reprenant ainsi en son sein »[37].

Avec le concept de *terre*, conçue comme ce fond informe de la *phusis* qui déploie toute chose, mais qui, par essence, se retire et se dérobe, la matière n'est plus dévoyée comme c'est le cas chez les matérialistes, qui en font une réalité ontique « ap-présentable », mais elle est à nouveau pensée en son sens originel, comme ce toujours déjà là éternel, qui excède et précède tout sens, comme ce qui ne peut être que *montré* en son altérité irreprésentable comme telle. La terre est cette dimension indistincte et hétérogène, cet *apeiron* retiré, qui ne cesse de laisser se déployer hors d'elle, à chaque fois pour un temps, des choses délimitées, distinctes et opposées entre elles comme jeu de contrastes, avant de les reprendre en elle dans le mouvement même de transformation par lequel

37. Martin Heidegger, *L'Origine de l'œuvre d'art*, in, *Chemins…*, paris, Gallimard, 1980, p. 45 à 54.

elle produit simultanément et inlassablement de nouvelles choses. C'est donc la matière informe qui engendre les formes sous l'effet de la contradiction qui la déchire, au lieu d'être réduite au statut d'un matériau utilisable comme dans toute la tradition philosophique. On comprend mieux maintenant que la *phusis* puisse être *logos* (qu'elle ait une unité, un rapport à soi), comme on l'a vu avec Héraclite, sans que cela ait un sens idéaliste : elle est « l'un qui diffère en soi-même », c'est-à-dire une unité absente à elle-même, un rapport à soi de l'hétérogène, ce qui définit l'ordre de *l'inorganique*. Elle est, en ce sens, bel et bien *matérielle et informe* en son fond. Les conférences sur l'origine de l'œuvre d'art, de 1935 et 1936, apportent donc, avec le concept de *terre* compris comme sens originel de la matière et comme fond de la *phusis*, un complément indispensable à la compréhension de la teneur véritable du cours *Introduction à la métaphysique* prononcé à la même époque. Elles apportent, en effet, la réponse complète à la question fondamentale du sens de l'être, de ce que veut dire « être ».

Ce concept de *terre* doit être, en même temps, rapproché de celui de *Chaos* qui apparaîtra en 1939, en référence à Hölderlin et à Hésiode, dans le commentaire du poème *Comme au jour de fête*. Le *Chaos*, y est présenté comme cette « antique confusion (*Uralte Verwirrung*) », déchirée par une béance fondamentale, qui constitue le fond informe inapprochable de la *phusis*. Heidegger écrit, en effet, ceci : « La Nature est tirée du Chaos sacré… Hölderlin… parle de l'*antique confusion* (*Le Rhin*, IV, 180)… *Chaos*, signifie premièrement le béant, le gouffre entrebaîllé, l'Ouvert qui s'ouvre d'abord, en quoi tout est englouti… Pensé à partir de la *Nature* (*phusis*), le Chaos reste cette béance, d'où l'Ouvert s'ouvre afin d'accorder à toute distinction sa présence délimitée »[38]. Etant donné que ce chaos (cette matière informe), qui est l'origine de toute chose, est inapprochable et irreprésentable, dans la mesure où il ne peut être que *montré comme ce qui se dérobe*, il constitue, comme le dit Heidegger, une dimension *sacrée*, et il représente même le sens originel du sacré. Pourrait-on alors risquer l'idée qu'il y a, bel et bien chez Heidegger, en partie impensée, une véritable « métaphysique de la matière » ? On pourrait voir ainsi dans son ontologie de la *phusis* un renversement complet de l'aristotélisme faisant de la matière, comprise originellement comme *terre*, non plus un matériau approprié pour la forme mais au contraire l'origine irréductible et dérobée, toujours déjà là, de toutes les formes et de leurs transformations.

La *phusis*, en son déploiement, est un « aller-en-retour-en-soi-même » qui, puisant à la source de son propre retrait insondable, ne cesse d'être un épanouissement se déployant pour rien comme jeu de contrastes, épuisant son sens à « être ». Tel est le sens du fragment 123 d'Héraclite : *phusis krupthestaï philei*. La *phusis* qui se déploie et se replie sous le simple effet de la contradiction qui la déchire en son fond informe, entre une puissance productrice aveugle et une tendance à tout reprendre en soi, et qui est donc béante, ouverte par le fond, déploie l'étant en sa diversité et ses contrastes, sans

---

38. Martin Heidegger, *Approche de Hölderlin*, Paris, Gallimard, 1979, p. 81. *Cf.* aussi, *Nietzsche T. I*, p. 274 et 437.

raison et pour rien, n'ayant pas d'autre sens qu'« être » : elle est une pure existence informe (qui est ainsi de l'« être » indéterminé), « essencifiant » en elle-même (en déployant des choses déterminés), sans raison, mais cependant auto suffisante, autonome, ne renvoyant à rien d'autre qu'elle-même, de sorte que, comme le dit Heidegger dans *Le Principe de raison*, citant Angelus Silesius, si « la rose est sans pourquoi », elle n'est cependant pas sans raison, dans la mesure où « elle fleurit parce qu'elle fleurit ». Le monde, au dire d'Héraclite, est comme un enfant qui joue, mais le jeu se fonde lui-même de manière abyssale dans son propre « automatisme de répétition » : il joue « parce qu'il joue », de manière légère et autonome. Et cela, depuis toujours, car comme l'affirmera Heidegger au cours des *Séminaires du Thor* en commentant le fragment 30 d'Héraclite : « Ce monde-ci, n'a pas été produit vu que de tout temps il était déjà là… Ici l'éternité ne domine pas le temps et dit simplement que si loin qu'on puisse remonter vers l'arrière, *ce* monde était déjà là »[39]. Il est donc un toujours déjà là de la présence précédant tout sens, dans l'immanence de laquelle se déploient, sans raison et à chaque fois pour un temps, les choses déterminées, de sorte que la *phusis* n'a pas d'autre sens qu'« être ». C'est en ce sens que le concept de *phusis* répond à la question originelle du sens de l'être, qu'il dit pleinement ce que veut dire, en secret, le mot « être ».

Il faut maintenant considérer que Parménide dit (fragments 3 et 8) que « l'être et la pensée sont la même

---

39. Martin Heidegger, *les Séminaires du Thor*, in *Questions IV*, Paris, Gallimard, 1976, p. 208.

chose », selon la traduction courante. Or, cela signifie que la pensée, le *noein* qui est le propre de l'homme, se définit par le fait qu'elle appartient à l'être, en ce sens précis qu'elle ouvre *a priori* à celui-ci[40]. Pour comprendre ce fragment de Parménide, il faut le rapprocher du début du fragment VI qui dit : « Il est nécessaire de dire (*legein*) et de penser (*noein*) que l'étant est (*t'eon emmenaï*) ». Or, ce texte nous apprend en réalité ce qu'il en est, fondamentalement, de l'homme, ce qui est donc « nécessaire » pour lui : il est cet être qui a pour essence même de dire (dans et par le *legein*, le *logos* humain) et de penser (*noein*), l'étant en tant qu'il est, bref de s'ouvrir originellement à l'*on e on*[41]. Il faut alors se souvenir, nous l'avions vu plus haut, que *logos* ne signifie pas *d'abord* dire ou penser, mais plutôt rassemblement (*Sammlung*) et qu'il a un sens ontologique. C'est à partir du rassembler du recueillement qu'il faut donc comprendre le dire comme *legein*. On comprend alors que la pensée humaine, le *noein* (l'appréhension, *Vernehmung*), est rendue possible par le *legein* qui a pour essence originelle de rassembler l'étant en son être comme *phusis* afin de le rendre manifeste. Le dire originel, le *logos* humain originel, qui est poésie, est cette *nomination* qui dévoile la *phusis* en son ordre propre, comme unité des tensions antagonistes[42]. Le dire comme *legein* a donc pour essence originelle de renvoyer au *logos* comme ordre de la *phusis*

40. Martin Heidegger, *Introduction à la métaphysique*, p. 144.
41. *Ibid.*, p. 148.
42. *Ibid.*, p. 176.

en le dévoilant comme tel[43]. Cela signifie alors que pour les Grecs, l'homme se tient par essence - par le langage, par le pouvoir de nomination des mots - ouvert à l'éclosion de l'étant à partir de son être, qu'il se tient donc *dans* la vérité comprise au sens grec originel, c'est-à-dire comme *a-letheia*, comme lieu du dévoilement de l'être en tant que *phusis*[44]. L'*aletheia*, portée par la langue, comme ce dé-cèlement qui puise à une dimension cachée, latente, répond parfaitement à la *phusis*, et ainsi la révèle, comme cette réciprocité de l'éclosion et du retrait, qui puise au fond informe retiré de l'étant. Heidegger souligne en effet avec force, dans *Introduction à la métaphysique*, « la connexion d'essence, unique en son genre, entre *phusis* et *aletheia* »[45]. Or, c'est dans la mesure même où il se tient « dans » la vérité comme *aletheia*, comme dévoilement de l'étant en son être comme *phusis*, par lequel il est *englobé* (au sein duquel il séjourne) que l'homme est *Da-sein* : il est le « là » de l'étant en son être.

Il faut alors comprendre que si l'étant en son être peut *apparaître* au *Dasein* en vis-à-vis (dans une distance ouverte) et de toutes parts, comme cette pure éclosion épuisant son sens à « être » (sans fond et pour rien) dont il participe, c'est parce qu'il se montre à lui sur la base de *l'anticipation* préalable, par l'imagination et à travers les sensations, de cet en-deçà de tout étant qu'est l'être comme fond chaotique retiré de celui-ci. Une telle

43. *Cf.* sur ce point, Eliane Escoubas, *L'Archive du logos*, in *L'Introduction à la métaphysique de Heidegger* (J.F. Courtine éd.), Paris, Vrin, 2007, p. 159 à 179.
44. p. 111.
45. *Ibid.*

anticipation *a priori* de la matière informe sous jacente à l'étant, déchirée par des forces et d'où sourd l'éclosion de l'étant, par le moyen de cette « spontanéité réceptive » qu'est l'imagination transcendantale, a été en effet mis au jour par Heidegger dans son commentaire des anticipations de la perception de la *Critique de la raison pure*, dans le cours de 1935, *Qu'est-ce qu'une chose ?*[46]. Et il faut comprendre que c'est une telle anticipation qui fonde le langage lui-même comme pouvoir de nomination dévoilant la présence même des choses. Or, une telle ouverture *a priori* à cette dimension méta-physique - à cet en deçà dérobé des *phusei onta* qui est le fond informe et béant de la *phusis* - est l'accomplissement de ce que Heidegger, nous l'avons vu, appelle la « différence ontologique ». C'est à partir de ce point de vue retiré, anticipé de manière latente à travers l'intensité des sensations, que l'homme peut seulement dévoiler l'étant en totalité en son éclosion propre (*Aufgehen*), porté par une énergie interne pressentie à travers les sensations, comme ce règne englobant et souverain des *phénomènes* (*ta phaïnomena*) qui, se montrant à lui à travers les sens, en leurs antagonismes propres, lui font face de toutes parts, ne cessant cependant de se transformer dans la mesure où ils s'épanouissent à chaque fois pour un temps, à partir du fond informe retiré de la *phusis*, avant de retourner s'y perdre. On voit alors comment l'être inclut en lui le devenir, la métamorphose, aussi bien que

46. *Op. cit*, Paris, Gallimard, 1979, p. 214-229 (Section B, chapitre II, 7, e).

l'apparaître, la phénoménalité sensible des choses particulières[47].

Les Grecs anciens, on le sait, se désignaient eux-mêmes comme « les mortels ». Cela implique qu'ils s'ouvraient à eux-mêmes comme des êtres marqués par une finitude radicale et donc comme « jetés », une fois pour toute, dans le déjà là d'un monde qui les englobait, qui les avait produit et qui les reprendrait en lui (ce qu'essaie déjà de reconquérir *Etre et temps*). Or, cela signifie qu'ils s'ouvraient simultanément à ce monde comme tel et pensaient donc antérieurement à la scission entre être et paraître. Heidegger remarque que *phuein*, éclore de soi-même et *phaïnestaï*, apparaître ont les mêmes racines, de sorte que l'homme, en étant ouvert aux phénomènes au sein desquels il se savait « jeté », se tenait « dans » la vérité[48]. Le monde, comme réalité englobante et incommensurable pour l'homme, lui *apparaissait* ainsi en son déploiement propre abyssal à lui-même, dans et par le pouvoir de nomination des mots, comme une éclosion permanente et surabondante de choses à chaque fois uniques, se déployant comme jeu de contrastes. Cette éclosion se montrait comme ne cessant de retourner à sa source, dans la mesure où les choses se dévoilaient phénoménalement à travers les sens à partir de l'anticipation par l'imagination (accomplissant ainsi le *méta-* de la métaphysique) du fond informe de la *phusis*, d'où elles proviennent et où elles retournent se perdre. La *phusis* apparaissait ainsi comme une éclosion permanente et surabondante, ne cessant de regagner sa source. C'est en

---

47. p. 123.
48. p. 109-110.

ce sens aussi que *to on* et *to kalon* disent la même chose[49], la beauté étant le comble de la manifestation des choses, l'*Ekphanestaton*. Alors que l'animal ne s'ouvre aux choses que du point de vue strict du processus vital, comme utiles ou nuisibles, l'homme, dont les Grecs ont regagnés l'essence, est en quelque sorte, suivant une expression de Jean Beaufret, « frappé d'ouverture » pour le règne autonome et étrange de la présence en son intensité, au sein duquel il lui revient de séjourner, de sorte qu'il a un *monde* (alors que l'animal évolue dans un milieu). Et c'est dans la mesure où il est ainsi d'emblée « dans » la vérité, qu'il peut « ensuite », renier et dénier celle-ci, être la proie de l'erreur et de l'illusion.

Les Grecs ont donc regagnés une ouverture au monde propre à l'homme mais généralement recouverte et déniée. L'homme compris comme *Dasein* se tient, en effet, dans la vérité originelle en s'ouvrant à travers les sens, et grâce au pouvoir de nomination des mots qui dévoilent les choses en leur présence, à la « prépotence » (*Übergewalt*), englobante, insondable et matérielle, de la *phusis*, de sorte que la vérité scientifique, issue de la métaphysique ultérieure et qui prétend réduire le réel au calcul, apparaît comme dérivée et donc toujours insuffisante, relative. L'homme est fondamentalement un « être-dans-le-monde » ouvert à sa présence matérielle indisponible et se déployant sans raison à partir et en direction de son propre fond informe. Or, la *phusis* éclot en permanence, tout en rentrant en elle-même, sur la base de la contradiction qui déchire cet inextricable

---

49. p. 140.

enchevêtrement (*apeiron*) qu'est son propre fond chaotique, elle se déploie donc de telle manière qu'elle « creuse des écarts, des espacements et des dislocations »[50], ce qui crée un départage originel par lequel elle « laisse être » l'étant, de telle sorte que viennent en présence, pour un temps et à partir de leurs limites propres, des choses à chaque fois uniques et particulières. S'ouvrir à la phénoménalité de l'étant implique donc une attention particulière à la singularité unique des choses et des personnes, laquelle est plus « vraie » et originelle que cet arrière monde de lois universelles auquel la science prétend réduire la nature. C'est pourquoi c'est à l'art, et en particulier à la poésie, qu'il revient d'ouvrir l'homme à la *phusis*. Et c'est cette ouverture à la *phusis*, englobante et incommensurable - à partir d'une anticipation imaginative de son fond chaotique et béant - épuisant son sens à « être » sans raison, et au sein de laquelle il échoit à l'homme de séjourner en tant que mortel - qui constituait la métaphysique originelle, que la métaphysique traditionnelle (dont le règne de la techno-science est issu) a franchi d'un saut, a oublié et dénié.

Les Grecs étaient donc ouverts *a priori* à la *phusis* comme cette dimension englobante offerte aux sens, dans laquelle il leur revenait de séjourner en tant que mortels. C'est pourquoi, la préoccupation affairée au sein de l'étant qui caractérise la vie quotidienne, était pour eux fondamentalement ordonnée à une habitation au sein de la

---

50. Martin Heidegger, *Grammaire et étymologie du mot « être »*, *Introduction à la métaphysique* (*Chap. II)*, Traduction Pascal David, Paris, Le Seuil, 2005, p. 43.

*phusis*. En effet, la *techné* (la technique), devait œuvrer à un bâtir qui ne pouvait se concevoir qu'à partir de l'habiter, de l'aménagement du séjour au sein de la *phusis*. En même temps, l'homme ouvert à l'étant en son être à partir de la *phusis*, se reconnaissait dans la communauté d'un peuple, conçue lui-même (à l'instar de la *phusis*) comme unité des tensions antagonistes, dans laquelle était grand pour chacun le souci de la renommée[51] et l'attention portée à la liberté et à la particularité des êtres. C'est pourquoi il faut risquer l'idée, en allant au-delà de ce qu'affirme Heidegger, que l'habitation au sein de la *phusis* et la démocratie grecque comme accord discordant d'un jeu de différences entre personnes particulières ayant le loisir de s'affirmer et de rivaliser au sein de la cité, sont une seule et même chose. Et si Heidegger avait pleinement pris la mesure de cela, qui se déduit cependant de sa pensée, cela l'aurait certainement préservé de son égarement politique à cette époque.

Ce sont donc les Grecs avant Socrate et Platon, qui ont été selon Heidegger à la hauteur de l'authenticité du *Dasein* sous sa forme originelle. C'est pourquoi, ainsi qu'il le dira au cours des *Séminaires du Thor*, pendant la fameuse séance du 2 septembre 1969 (qu'il faut toujours méditer à la lumière d'*Introduction à la métaphysique*) : « les Grecs sont l'humanité qui vécut immédiatement dans l'ouverture des phénomènes ». Ils constituent ainsi « une humanité atteinte par l'excès de la présence », et on peut même dire que « dans le climat grec (Hölderlin, deuxième lettre à Böhlendorff), l'homme est submergé par l'entrée

51. Martin Heidegger, *Introduction à la métaphysique*, Paris, Gallimard, 2006, p. 111-112.

en présence du présent », il est, en quelque sorte, frappé d'ouverture pour « la surabondance, la surmesure du présent », de sorte que le sens originel pré-platonicien et non platonicien du *thaumazein grec* (de l'étonnement) apparaît dans l'anecdote concernant Thalès qui fut « fasciné par une surabondance stellaire »[52], ce qui le conduisit à tomber dans un puits. L'étonnement n'est pas le simple point de départ d'un questionnement, car l'étant en totalité et en son être n'est rien d'autre qu'étonnant, structurellement étrange : il présente une altérité irréductible. Or, c'est dans l'art et la poésie qu'une telle ouverture à la surmesure de la présence a été conservée, ainsi que Heidegger l'a découvert en 1935[53], et que le rappelle Jean Beaufret. Voici en effet, ce qu'est, d'après lui, «… la grande découverte de Heidegger aux environs de 1935 : les choses ne sont quand même pas ce que la science nous dit qu'elles sont ; si les choses n'étaient que ce que la science nous dit qu'elles sont, alors les aquarelles de Cézanne qui représentent sous divers angles, et à diverses heures du jour, la montagne Sainte-Victoire, seraient autant de théorèmes sur l'équilibre des solides. Ce sont bel et bien des peintures. Elles nous *présentent* la montagne Sainte-Victoire. Par conséquent il y a un être des choses qui est tout différent de celui que la science nous fait connaître, c'est celui dont le révélateur est l'art – pour Heidegger le comble de l'art s'appelant poésie »[54].

---

52. Martin Heidegger, *Questions III et IV*, Paris, Gallimard, 2008, p. 419-420.
53. *Introduction à la métaphysique*, p. 38.
54. Jean Beaufret, *Entretiens avec Frédéric de Towarnicki*, Paris, PUF, 1984, p. 27.

Jean Beaufret écrira aussi ceci, dans un autre texte : « Le monde devient, à la parole du poète, un monde de l'éclosion universelle, un monde qui retourne à l'ouverture du monde, toute chose nommée retrouvant par là et en lui, dit Baudelaire, «l'éclatante vérité de son harmonie native» »[55].

A travers leur méditation de la *phusis* et de l'*aletheia* comme dévoilement de celle-ci, les Grecs pré-platoniciens ont donc tout simplement exhibé l'essence originelle et universelle de l'homme comme *Dasein*, qui est le plus souvent recouverte. Ils ont, en effet, exhibé le sens du verbe être, du « est » qui porte toute langue de manière inapparente et qui fait de l'homme (le plus souvent sans qu'il y prête attention), un être d'abord ouvert à la simple présence ou existence des choses, c'est-à-dire à la parfaite étrangeté du « faire face » de toutes parts de celles-ci, qui se dressent là et apparaissent à chaque fois pour un temps, n'ayant pas d'autre sens qu' « être » (pour rien). Comme le dira Jean Beaufret commentant Heidegger, ils ont mis au jour ceci, que nous franchissons toujours d'un saut, à savoir que : « plus originelle que toute *antériorité* est que déjà l'étant nous fait face de partout à partir de lui-même et ainsi *apparaît*, qu'il s'agisse des choses les plus proches ou de ce qui s'en éloigne à perte de vue dans l'ampleur ouverte d'un paysage »[56]. Ils ont donc exhibé cette ouverture originelle de l'homme, porté par la langue, au règne

55. Jean Beaufret, *Dialogue avec Heidegger, IV*, Paris, Minuit, 1985, p. 10.
56. Jean Beaufret, *Dialogue avec Heidegger II*, Paris, Minuit, 1977, p. 100.

incommensurable et englobant de la présence, dans lequel tout est voué à la génération et à la corruption, qui se déploie à partir et en direction d'un fond informe et au sein duquel il lui revient d'habiter. Or, c'est dans la tragédie grecque que les fondements de cette essence originelle de l'homme comme *Da-sein*, qui implique qu'il soit fondamentalement ouvert à sa propre finitude radicale de mortel, a été exhibée.

Le cours de 1935, *Introduction à la métaphysique*, culmine, en effet, dans une interprétation de l'*Antigone* de Sophocle à travers un commentaire de son premier *Stasimon*. Et, bien qu'il n'y soit jamais cité, ce commentaire est, à n'en pas douter, directement et profondément inspiré par Hölderlin, tout particulièrement par ses *Remarques sur les traductions de Sophocle*. Heidegger va alors montrer que c'est la tragédie (dont le modèle pour Heidegger comme pour Hölderlin est l'*Antigone* de Sophocle), qui rend compte de l'essence méta-physique du *Dasein*. La tragédie ne concerne donc pas seulement des êtres exceptionnels, mais elle exhibe à travers l'action de ces héros, une dimension souterraine de l'homme. Il faut comprendre, en effet, qu'elle met tout d'abord au jour, une dimension violente originelle de celui-ci, faisant de lui l'être le plus inquiétant (*to deinotaton*). Il s'agit d'une *hubris* originelle de l'homme, d'une démesure de la vie en lui pourrait-on dire, par laquelle il prétend spontanément se placer au centre et au fondement éternel de tout ce qui est, « en se risquant à maîtriser l'être »[57], ou encore à s'identifier à lui. La

57. Martin Heidegger, *Introduction à la métaphysique*, p. 167.

tragédie montre alors, tel est son ressort fondamental, comment cette violence doit se briser sur le *Destin* (la *Moïra*), ou encore sur la *diké*, sur la « loi », sur l'ordre de la *phusis*, dans et par la mort du héros. Or, l'originalité de la lecture de Heidegger est de déceler le sens *éminemment positif* de cette issue apparemment catastrophique de la tragédie, qui n'exhibe rien d'autre en fait, que les conditions de possibilité originelles de l'ouverture de l'homme à la plénitude de présence englobante de la *phusis*, c'est-à-dire de l'advenue du *Da-sein* en lui. Mais pour être en mesure de comprendre cela, il faut préalablement voir que, dans la tragédie, bien loin d'échouer totalement à s'identifier, à la *phusis*, le héros y parvient bel et bien, quoique de manière négative, dans et par la mort, c'est-à-dire en retournant à sa confusion avec celle-ci. Au moment même où le héros est brisé par le Destin dans la mort, il en vient à coïncider avec celui-ci, à s'identifier à lui[58]. Cela est patent chez Antigone qui, depuis le début, a dit qu'elle voulait accéder au monde souterrain des morts et des dieux d'en bas. La leçon de la tragédie, selon Heidegger, résiderait donc dans cette idée, apparemment pessimiste, qui se trouve dans *Œdipe à Colone,* selon laquelle « il vaudrait mieux ne pas être né ou à défaut retourner au plus vite là d'où on est venu »[59]. Mais comment cela pourrait-il avoir un sens positif ? Car il ne fait aucun doute que cette issue apparemment

---

58. *Cf.* sur ce point : Françoise Dastur, *La Question de l'être de l'homme*, in *L'introduction à la métaphysique de Heidegger* (J.F. Courtine éd.), Paris, Vrin, 2007, p. 230-231.
59. Sophocle, *Œdipe à colone*, v. 1224 sq. *Cf.* Martin Heidegger, *Introduction à la métaphysique*, p. 181-182.

négative de la tragédie a, aux yeux de Heidegger, un sens positif en rendant possible le *Dasein* en l'homme. Il écrit, en effet, que pour le *Dasein*, « … se trouver à la taille de l'être… ne signifie rien d'autre que : renoncer à son propre être »[60], et il ajoute, « le *Dasein* n'a pas cette possibilité comme une issue vide, il *est* cette possibilité, en tant qu'il est ; car en tant que *Dasein*, il faut bien qu'il se brise sur l'être »[61]. Or, il n'y a, nous semble-t-il, qu'une seule manière de penser un sens positif de la tragédie conçue de cette manière.

Il est essentiel de voir en effet, sur cette base, que la tragédie, qui met en scène des personnages mythologiques renvoyant à une époque immémoriale ne montre pas ce qui a effectivement lieu pour l'homme, mais ce qu'il doit en quelque sorte avoir *déjà* « traversé », intégré en lui et médiatisé, pour devenir *Dasein*. Elle exhibe donc, et ainsi « rejoue », ce qui a toujours déjà été, à la fois *dépassé* et *intégré* en l'homme pour que *Da-sein* il y ait. C'est ainsi que l'homme, dont l'*hubris* originelle s'est brisée sur la *possibilité* de la mort, a du intégrer en lui la *diké*, l'ordre de la *phusis*, de manière à assumer sa finitude de mortel inséré dans l'ordre du monde, en renonçant donc à son identification à l'être. Or, ce faisant, une telle identification à l'être n'a cependant pas totalement disparu, mais son sens premier s'est *inversé* et elle est devenue une dimension *latente* du *Dasein*. En effet, elle est devenue pour le *Dasein*, tout en prenant maintenant le sens d'une « dissolution » totale en l'être dans la mort (et non plus d'une prétention à le maîtriser),

---

60. *Ibid*, p. p. 181.
61. p. 182.

une dimension retirée, inaccessible, cachée ou encore inconsciente de lui-même. Mais, en étant ainsi « interdite », et donc rejetée dans la latence, dans le tréfonds dérobé du *Dasein*, elle est par là même projetée, anticipée – par un travail inconscient de l'imagination transcendantale - comme fond informe de l'étant. De cette manière, le *Dasein* va alors *anticiper a priori* sa confusion avec le fond informe de l'être, comme point de vue dérobé à partir d'où il va ensuite s'ouvrir à lui-même comme englobé et porté par la *phusis* qui se dévoile ainsi à lui. Il apparaît ainsi que les « anticipations de la perception » (évoquées plus haut), telles que Heidegger les reprend de Kant (les réinterprétant à sa manière), par lesquelles le *Dasein* s'ouvre par l'imagination transcendantale au fond inorganique et informe de la *phusis*, se fondent sur la tragédie.

La tragédie montre donc comment l'homme, dans le même mouvement où il en vient à assumer sa finitude de mortel inséré dans l'ordre de contrastes de la *phusis*, anticipe de manière *inconsciente*, par l'imagination et à travers sa mort, dans une distance essentielle, sa propre confusion avec le fond informe de celle-ci (sa dissolution en lui), laquelle est bien un aspect permanent de son être, s'il est vrai que nous ne sommes pas seulement individués, mais aussi confondus dans l'immanence du monde, ce que nous ne rejoindrons pleinement que dans la mort (comme retour à ce dont nous provenons par la naissance). C'est de cette manière que l'homme s'ouvre à l'être comme fond informe de la *phusis*, qu'il devient *Da-sein*. Or, c'est à partir de là, c'est-à-dire de ce point de vue dérobé, qu'il dévoile la *phusis* (à travers les sensations et la perception) comme cette réalité éternelle, englobante, insondable et incommensurable, avec laquelle il est confondu par un aspect dérobé, *hétérogène*, et inaccessible de son être, de sorte qu'elle se montre à lui comme une plénitude de présence informe, avec laquelle il *pressent* sa confusion à la limite, sans pouvoir jamais la rejoindre. C'est donc par le renoncement tragique à l'*hubris*, l'assomption de la mortalité sans rémission, et l'ouverture simultanée à l'être comme fond informe et insondable de la *phusis*, que l'homme dépasse l'horizon borné de la vie ne rencontrant ce qui est que du point de vue de ses propres intérêts vitaux, et s'ouvre – dans et par le langage - à son inscription dans l'ordre plus vaste, inorganique, hétérogène et informe en son fond de la nature.

L'homme n'est plus un simple *vivant* porté par la logique vitale (et en proie à l'illusion de la continuité éternelle du flux vital), mais bien un *Da-sein*, un *mortel* (un « être-pour-la-mort »), pour qui la vie est inscrite dans l'ordre inorganique, informe et béant en son fond de la *phusis*. S'ouvrant au jeu de la *phusis* déployant puis reprenant toute chose en elle, dont il participe, il s'ouvre alors à la finitude radicale de tout ce qui est. La tragédie (*Trauerspiel*), montre donc comment l'homme, faisant le *deuil* (*Trauer*) de son *hubris* vitale, en assumant ainsi le *trauma* (la blessure) de sa finitude radicale, s'ouvre (dans et par l'angoisse) au fond informe abyssal, sous jacent à toute existence, qui en scelle la part de contingence et rend alors possible, en même temps, la liberté (comme liberté finie) en tant qu'elle repose sur un abîme. Or, s'ouvrant ainsi, dans une distance essentielle, au fond éternel et inaccessible de l'être, il se tient, en même temps - en permanence et secrètement - dans le pressentiment de sa confusion impossible avec lui. Autrement dit il se sent participer de sa plénitude informe sans jamais pouvoir la rejoindre. Ce pressentiment de la plénitude éternelle du Tout, à la fois donnée et inaccessible, est cela même que signifiait le dieu Pan chez les Grecs, qui d'une certaine manière représentait tous les autres dieux (en personnifiant poétiquement le Tout de la Nature). Dans la mesure où l'homme se tenait donc ouvert, de manière *tragique,* à l'ordre sacré (car inapprochable) et éternel de la *phusis* tout en assumant sa mortalité d'être dans le monde, il se tenait, en effet, sous le « regard » des dieux qui, nommés par le poète, constituaient des images poétiques médiatisant son ouverture au fond inapprochable de l'être.

Dans *Introduction à la métaphysique*, Heidegger montre donc que c'est la tragédie qui rend compte de la métaphysique originelle (de l'ouverture à l'être) comme essence de l'homme et donc de la phrase de Parménide sur la coappartenance de la pensée et de l'être[62]. La métaphysique, en tant qu'elle est originellement le *Dasein* lui-même - à la hauteur de l'authenticité duquel il revient aux Grecs de s'être tenu - est donc fondée sur la tragédie ou encore sur « le tragique » comme essence de l'homme. La tragédie exhibe, en effet, à travers l'action « extraordinaire » du héros, l'existence en l'homme d'un « au-delà » (ou d'un en deçà), d'un « *méta-* », lequel est en lui une dimension hétérogène, inassimilable, qui doit demeurer dans la latence. Le héros se montre, en effet, comme un être transgressif et inquiétant (ou monstrueux),

---

62. p. 151 à 182.

ayant en lui une dimension « plus qu'humaine », parce qu'il est de connivence avec les dieux (Antigone), ou bien encore parce qu'il parvient à accéder à leur domaine, parce qu'il est dans le « secret des choses » (Œdipe). La tragédie exhibe ainsi, pour le dire autrement, la collusion originelle de l'homme avec l'être qui fait de lui un être inquiétant (ou même *Ungeheure*) ; elle exhibe, dira Hölderlin dans les *Remarques sur Oedipe*, le « devenir-Un », de « la puissance panique de la nature et du tréfonds de l'homme dans la fureur »[63]. Et c'est la manifestation de cette démesure chez le héros qui va le conduire à la mort. Il y a donc chez l'homme une « pulsion de mort » qui provient, paradoxalement, du fait qu'il cherche à dépasser sa condition mortelle, à atteindre la plénitude et qu'il parvient bel et bien, dans une certaine mesure, à « s'asseoir à la table des dieux ». Cette articulation mortifère et native à la plénitude, cette identification à l'être, est, on l'a vu, une *hubris* originelle, qui, en étant rejetée dans la latence et en changeant de sens par l'intégration de l'homme dans l'ordre de la *diké* et l'assomption de sa finitude, va devenir alors une anticipation (par l'imagination) de cet au-delà de l'étant qu'est l'être, permettant le dévoilement originel de la *phusis* englobante. Dans *Introduction à la métaphysique*, Heidegger rejoint donc le Hölderlin tardif, qui, le premier (avant même Nietzsche) a vu dans la tragédie le fondement même de la culture grecque, de son mode d'ouverture au monde. Mais il prolonge sa pensée en

---

63. Friedrich Hölderlin, *Remarques sur Œdipe*, in *Œuvres*, Gallimard, La Pléiade, 1989, p. 957.

voyant en celle-ci le fondement même de l'essence métaphysique de l'homme.

Et il faut ajouter ceci, bien que Heidegger ne le dise cependant pas explicitement : on peut déjà pressentir que c'est à partir de la tragédie, ou plutôt du déni de celle-ci (de la dénégation de ce renoncement à l'*hubris* qui s'y met en place), qu'il sera possible de comprendre ensuite le règne nihiliste de la technique comme retour de cette *hubris* de la vie à un niveau supérieur. L'oubli de l'être, le déclin de l'Occident, devra donc être compris comme déni du tragique. C'est à partir de là que peut être mesurée la richesse et l'originalité de ce cours de 1935.

La métaphysique originelle qui constituait l'essence de l'homme, faisait donc de lui un être dans le monde, ouvert à la profusion de la *phusis* déployant les étants phénoménalement, en rupture (à chaque fois provisoire) avec leur fond chaotique béant, comme un ensemble de choses à chaque fois bien distinctes, particulières et ordonnées comme jeu de contrastes. Or, elle faisait en même temps de lui un être ouvert à sa particularité unique et à sa mortalité, en rapport à la fois de solidarité et de rivalité avec d'autres êtres eux-mêmes particuliers, uniques et mortels au sein d'un peuple. En effet, il ne nous appartient pas ici de développer ce point, mais le « refoulement » de l'*hubris* originelle de l'homme le conduit à s'intégrer dans la communauté d'un peuple, comme unité des tensions antagonistes entre les mortels qui la compose, et dont les lois coutumières portées par le langage sont la « reprise » de la *diké*, de l'ordre « sacré » de la *phusis*, dans laquelle ce peuple s'inscrit et auquel il s'ouvre. C'est, en effet, en s'intégrant dans un peuple et en intégrant en lui les règles coutumières de celui-ci portées par la langue, que l'homme devient ainsi un *Da-sein*, ouvert à la présence du monde dans lequel il séjourne.

L'habitation dans le monde sensible, comme ouvrant à la vérité originelle, n'était possible que dans la mesure où l'homme était un être libre, ouvert à la contingence de son être jeté dans le monde, ct non pas un « halluciné de l'arrière monde » otage du flux de la vie, en proie à l'illusion de sa continuité et de sa souveraineté. Or, nous venons de le voir, cela n'était à son tour possible que par l'épreuve *tragique* de la finitude qui avait conduit celui-ci à rejeter, à « refouler », son *hubris* (l'*hubris* de la vie en lui) en intégrant l'ordre de la *diké* (via sa reprise par l'ordre social), à assumer sa mortalité sans rémission, et à se savoir donc inscrit (en tant que vivant) dans le règne discontinu des choses inorganiques dont le fond est informe et insondable. Pour Heidegger, la vie, en tant qu'elle se produit et se renouvelle à partir d'elle-même dans certaines limites[64], s'inscrit cependant dans le règne « prépotent » (*überwältigend*) et englobant de l'inorganique qui est hétérogène, et elle doit en épouser la « loi », en se déployant à travers des individus mortels. Voici ce qu'il écrit : « L'être vivant qui, rêvassant, se balance sur lui-même et se meut dans son milieu, et qui, se portant constamment au-delà de lui-même, se renouvelle en formes toujours diverses tout en restant dans sa voie *toujours une*… est inséré dans la perdominance (*Walten*) de la terre et de la mer… cette vie qui tourne sur elle-

64. Le vivant présente, en effet, trois caractéristiques fondamentales bien connues : l'autorégulation, l'autoréparation et l'autoreproduction.

même… n'habite pas elle-même dans son propre cercle, son propre ajustement et son propre fondement »[65].

La catastrophe du monde moderne, nous l'avons déjà suggéré, provient de l'illusion sur laquelle il repose, c'est-à-dire sur le déni du tragique qui fondait l'ouverture à la *phusis*, dans et par la finitude ; déni qui va se manifester, on le verra, sous les traits de la volonté de puissance déchaînée qui anime la vie, s'affirmant comme flux continu et faisant de chacun un otage à son service, en considérant la nature inorganique comme une réalité entièrement explicable et disponible, un simple matériau qu'il faut exploiter par la technique. La vie, s'affirmant inconditionnellement à travers l'homme, va alors essayer (illusoirement) d'inverser le rapport de dépendance qu'elle entretient avec l'inorganique dans lequel elle s'inscrit. Elle va se considérer illusoirement comme substantielle, comme un flux continu éternel, et imaginer qu'elle a le primat sur l'inorganique (réduit au rang de simple matériau à son service). Or, de manière inapparente, c'est cela même qui commence à se mettre en place dans la métaphysique traditionnelle à partir de Platon et d'Aristote puisque, comme Heidegger le montrera dans son livre sur Nietzsche, celle-ci s'accomplit et s'achève bel et bien dans et par une métaphysique de la vie. La métaphysique traditionnelle en son déploiement (de Platon à Hegel et à Nietzsche), a donc pour sens profond d'exhiber la mutation ontologique secrète (habituellement cachée) qui s'est mise en place en Grèce au cinquième siècle et qui, seule, rend compte de notre histoire occidentale laquelle

65. *Introduction à la métaphysique*, p. 161.

débouche sur le règne de la technique planétaire. Elle est ainsi le seul texte dans lequel le sens de notre histoire peut être exhibé. Il faut donc maintenant essayer de résumer cette histoire de la métaphysique jusqu'à Hegel et au-delà, c'est-à-dire jusqu'à Nietzsche qui, croyant la renverser, en a exhibé les fondements cachés.

# DEUXIEME PARTIE

## La métaphysique traditionnelle comme dénégation du sens fondamental de celle-ci

La métaphysique traditionnelle, à partir de Platon et d'Aristote, se caractérise d'abord par ceci qu'elle a franchi d'un saut notre ouverture primaire au monde à travers le « est » qui porte la langue, c'est-à-dire notre ouverture, dans et par les sens, à la venue en présence phénoménale, autonome et cependant sans fond, qui déploie l'étant comme tel. Elle se caractérise donc par le déni de l'ouverture primaire de l'homme à l'être comme *phusis*, déployant l'étant en sa profusion englobante, lequel se montre comme règne des phénomènes, comme monde sensible se suffisant à lui-même, bien que se déployant sans raison. Pour elle, poser la question de l'être, ce ne sera donc plus interroger, pour en éclaircir le sens, cet étonnant déploiement de présence, à la fois autonome et cependant abyssal à lui-même, épuisant son sens à « être » (sans raison), auquel nous sommes déjà ouverts en secret par le *verbe être* (en lequel se dit, antérieurement à toute scission, la pure existence sans fond, comme étant en même temps l'essence et le fondement abyssal de tout ce qui est). Elle va alors poser la question de l'être comme question d'un fondement ontique et substantiel (autofondé) de l'étant empirique, lequel est donc supposé être en lui-même inconsistant. Il s'agit de la question : *ti to on e on*, « Qu'est-ce que l'étant en tant qu'il est ? », chez Aristote, laquelle sera, on l'a vu, radicalisée par Leibniz, en devenant la question : « Pourquoi y a-t-il quelque chose plutôt que rien ? ». En même temps, nous le verrons plus loin, avec ce type de questionnement, le *logos* humain va se séparer de la poésie (de la nomination poétique), pour prendre alors les traits de ce travail conceptuel logique, constitué par un enchaînement de propositions et en quête du fondement, qu'on appellera la Raison. Or, cette faculté humaine, articulée à la recherche d'un fondement substantiel de l'étant, va véhiculer un humanisme, car elle tendra, peu à peu, à s'identifier elle-même à ce fondement, donnant à l'homme comme animal rationnel une place de plus en plus centrale au sein de l'étant. Le *logos*, devenu la Raison, en viendra ainsi à régner sur l'être.

Si nous revenons maintenant à la question *ti to on*, qui, disions nous, inaugure la métaphysique traditionnelle, il faut remarquer qu'elle repose sur le *présupposé* suivant lequel l'étant, tel qu'il entre en présence et apparaît d'abord, c'est-à-dire le monde sensible, *manque* de fondement, est inconsistant, miné par le néant et en même temps inquiétant, effrayant. Cet étonnement vertigineux (qui apparaît chez Platon dans le *Théététe*), qui n'est plus du tout un émerveillement comme celui de Thalès devant la voûte céleste, préfigure le doute cartésien qui est exigence de certitude. La métaphysique *exige* donc que l'étant apparaisse comme pleinement fondé, qu'il soit *produit* par et pour une réalité substantielle absolue, parfaitement rationnelle (auto-fondée), qui constitue un « arrière monde ». Cet « arrière monde », qui chez Platon est le mondes des Idées, introduit une séparation (*korismos*) entre l'étant sensible dévalorisé et l'être réel situé dans un au-delà intelligible. Cette séparation qui apparaît chez Platon sera reconduite par le christianisme qui est bien « un platonisme à usage du peuple »[66]. Mais ce *korismos* doit être bien compris, car il n'introduit pas une cassure totale, mais bien plutôt une dévalorisation du monde phénoménal sensible, qui apparaîtra alors sous la *dépendance* du monde intelligible : tel est le sens de la *métèxis* (de la participation) chez Platon. Or, l'homme entretient, par sa Raison, une relation essentielle avec cet arrière monde intelligible, auquel il finira par s'identifier. Il faut donc, maintenant, que l'étant se montre comme totalement produit et contrôlé : il faut que son inconsistance supposée ne soit plus celle d'une réalité irrationnelle menaçante, mais qu'elle prenne les traits d'une réalité anticipée et produite par un modèle rationnel dont elle dépend, et donc d'une réalité totalement explicable, disponible, remplaçable et de second ordre.

La métaphysique occidentale, de Platon et Aristote jusqu'à Thomas d'Aquin qui opère à sa manière la synthèse de la philosophie grecque (en particulier d'Aristote) et du christianisme, s'orientera alors, peu à peu, vers une onto-théologie selon laquelle l'ensemble de ce qui existe a été produit par des modèles intelligibles, des Idées ou des essences, qui ont été pensées à l'avance dans l'entendement de Dieu, lequel est *causa sui* et pure pensée se pensant, pure identité spirituelle. Le monde sensible est alors un monde créé par un modèle intelligible rationnel, ce qui signifie qu'il est de rang second, qu'il est constitué par de simples copies, par des réalités qui ne sont que la pâle imitation de leur modèle intelligible. C'est pourquoi, pour Platon, le monde que nous voyons autour

66. *Ibid*, p. 114.

de nous est comparable à des ombres fugitives projetées sur la paroi d'une caverne. Ce qui était autrefois la *phusis*, la nature englobant toute chose et régnant souverainement en s'auto-déployant, est maintenant considéré comme une réalité *subordonnée* à un modèle intelligible, dépendante de celui-ci, dont elle n'est que le reflet, multiple et reproductible. En même temps, nous l'avions déjà suggéré, l'homme entretient un rapport privilégié, par sa Raison, avec Dieu comme substance éternelle intelligible, ayant pensé à l'avance, prémédité rationnellement, les essences des choses. C'est pourquoi, il ne fait aucun doute que si l'homme a ainsi conçu l'être de l'étant en sa transcendance (en tant qu'il le dépasse), comme une réalité intelligible fondant toute chose, c'est parce qu'il désirait secrètement le rendre accessible à sa propre pensée et s'identifier finalement à lui.

En effet, progressivement, l'homme va tenter de s'identifier à cette pure présence à soi éternelle de Dieu, qui est au fondement de toute chose. La première étape se trouve chez Descartes, et elle peut être résumée en deux points. Tout d'abord, d'après les lettres à Mersenne de 1630 sur la création des vérités éternelles, Dieu a créé la nature comme une pure substance étendue, dépourvue de secrets, « *partes extra partes* », exclusivement régie par des lois mathématiques, et il a par la suite imprimé dans l'âme humaine les idées de ces lois. Ceci étant posé, le véritable point de départ méthodologique de la philosophie de Descartes est, dans les *Méditations* (1641), le doute radical par lequel, aidé de l'hypothèse du Malin Génie, la pensée humaine déréalise le monde naturel sensible, le réduit à un ensemble d'apparences, et se saisit alors comme un pur *cogito* ramassé sur lui-même et transparent à lui-même. L'intuition du *cogito* (de la pensée se pensant) en son évidence transparente à elle-même, étant alors reconnue comme le modèle même de la vérité, puis l'existence d'un Dieu vérace étant démontrée (dans la troisième *Méditation*), la connaissance de la nature pourra se développer comme un enchaînement d'idées évidentes, qui ne sont rien d'autre que ces idées mathématiques que Dieu avait mises en nous. En effet, les mathématiques (science de la quantité pure ou abstraite), se caractérisent par ceci que les « entités » qui les constituent sont purement intelligibles, sont des êtres de pensée, de sorte que l'esprit qui fait des mathématiques doit les reconstruire à chaque fois dans la transparence de sa propre pensée. C'est ainsi que la pensée faisant des mathématiques se pense toujours elle-même pensant ce qu'elle pense, c'est-à-dire le médiatise et se pose à son fondement. Or, c'est bien cela qui rend compte de *l'évidence* des mathématiques, dans lesquelles toutes les démarches sont contrôlées par l'esprit, laquelle évidence (dont le modèle est l'intuition du *cogito*) est le critère cartésien de la vérité. Par conséquent, si les idées mathématiques, qui, on l'a vu, constituent l'essence même de la nature, sont parfaitement certaines et évidentes c'est parce qu'elles sont transparentes à la pensée (au *cogito*) qui, les développant (ou encore les reconstruisant), se pose ainsi toujours à leur *fondement*, comme s'il les avait lui-même produites et comme s'il régnait sur elles.

Tout se passe donc, pour l'homme développant la *mathesis universalis*, c'est-à-dire anticipant la nature par une grille mathématique universelle, comme s'il se plaçait au *fondement* de celle-ci, la réduisant totalement à la transparence à soi de sa pensée. En même temps, le monde étant réduit au calcul mathématique fondé sur le *cogito*, son apparaître sensible est totalement dévalorisé, quasiment réduit à une apparence, n'étant plus constitué que de « qualités secondes » en partie subjectives. Les sens ne nous ouvrent donc plus à la vérité et ils ne servent qu'à nous renseigner sur ce qui est utile ou nuisible pour nous. Ainsi, l'homme n'est plus *dans* le monde, mais *face* à lui en position dominante (puisqu'il se réduit au calcul mathématique). C'est pourquoi, bien que Dieu soit le seul véritable maître de la nature, l'homme pourra quasiment s'élever jusqu'à son point de vue et se rendre « comme maître et possesseur de la nature », grâce aux applications techniques considérables que permet sa connaissance parfaite des lois de la nature par le moyen des mathématiques. Descartes a exhibé le sens proprement *métaphysique* de la science mathématique moderne, en tant qu'elle *présuppose* la réduction totale du réel au calcul, et il anticipe donc, bien que cela se fasse encore dans le cadre d'une onto-théologie, le monde moderne qui réduit toute réalité à un ensemble de rapports mathématiques et finalement à un ensemble de choses disponible pour l'homme comme être rationnel, grâce à la techno-science. Ce faisant, Descartes est cet auteur chez qui commence à se mettre en place la conception de l'étant qui apparaîtra pleinement chez Kant, comme un *objet* subordonné au *sujet pensant* et se tenant en vis-à-vis, en face de lui. Heidegger peut donc légitimement affirmer ceci : « Avec Descartes l'homme en tant qu'*ego cogito* devient l'*upokeimenon* éminent, le « *subjectum* » - le *fondamentum inconcussum*. Du même coup la Nature n'apparaît plus que comme Objet pour un Sujet »[67]. Mais on pourrait dire aussi, peut-être, qu'il va même déjà au-delà de cette conception (ou l'étant se tient encore en vis-à-vis comme ob-jet) et qu'il anticipe la réduction de l'étant en totalité au statut de simple fond disponible (*Bestand*), calculable et « commissible », qui caractérise le monde contemporain.

Le rapprochement qui s'établit chez Descartes entre l'homme et Dieu, en dépit de la distance fondamentale qui les sépare encore, se retrouvera chez Leibniz d'une autre manière. Ce n'est plus l'homme qui s'élève dans une certaine mesure au point de vue de Dieu, c'est la réalité dans son ensemble et Dieu lui-même, qui sont pensés sur le modèle de la Raison humaine. En effet, pour lui, le monde, non pas tel qu'il nous apparaît mais tel qu'il est réellement, est exclusivement constitué par substances innombrables, qui sont des centres de représentation immatériels, qu'il appelle monades et qu'il faut comprendre, bien qu'ils ne soient pas tous dotés de conscience claire, sur le modèle de la monade humaine, c'est-à-dire du *cogito* cartésien[68]. Heidegger peut donc écrire ceci : « Avec Leibniz vient au jour cette idée que tout étant, qui en tant qu'étant en général, se tient d'une certaine façon en soi-même, doit posséder le caractère propre de l'être qui, selon Descartes, ne se révélait que dans l'expérience que l'homme a de lui-même en tant qu'*ego cogito – sum*, c'est-à-dire en tant que sujet, en tant

67. Martin Heidegger, *Séminaires du Thor*, in *Questions IV*, Paris, Gallimard, 1976, p. 220.
68. G. Leibniz, Lettre à Arnauld de mai 1686.

que je pense, je représente. Tout étant, dans la mesure où il est, est en soi représentant, à des degrés et des niveaux différents, depuis l'engourdissement du plus infime être vivant jusqu'à la clarté absolue du Moi divin lui-même et de son représenter. La représentation devient ainsi la pièce maîtresse dans la structure de chaque étant comme tel »[69].

Ce qui caractérise fondamentalement ces monades innombrables (qui, répétons-le, ne sont pas toutes humaines), c'est qu'elles se représentent toutes entre elles, mais de manière en quelque sorte « extérieure » (bien que la représentation se déploie toujours à l'intérieur de chacune), et donc obscure et confuse, ce qui explique *l'apparence* d'un univers déployé dans l'extériorité spatiale et dans le temps. La perception sensible propre à chaque monade, c'est-à-dire la représentation au moyen des sens d'un « au-dehors », d'un monde matériel se déployant comme extériorité spatio-temporelle, n'est ainsi qu'une apparence nécessaire. Elle est donc, en ce sens nouveau (et contraire au sens grec originel), seulement *phénoménale*, car elle n'est rien d'autre que la représentation obscure et confuse (limitée à un point de vue particulier), par une monade donnée, de l'ensemble des autres monades immatérielles. Par ailleurs, chaque monade est non seulement un centre de représentation (*perceptio*), mais elle est animée par un *appetitus*, par une tendance indéfinie à passer de représentations obscures à des représentations claires et distinctes. Or, Dieu lui-même, qui a pensé à l'avance, puis créé le système des monades en accordant entre elles leurs représentations (de

69. Martin Heidegger, *Schelling*, Paris, Gallimard, 1977, p. 161.

sorte que ce sont des apparences fondées), n'est rien d'autre que la monade suprême, celle qui accède à la clarté absolue et se représente alors l'univers de tous les points de vus à la fois, comme une ville qui semble démultipliée par les différents points de vue qu'on peut prendre sur elle. Et on pourrait même dire qu'en tant que *causa sui* (pur rapport à soi), il *se voit*, en même temps, voir l'univers de tous les points de vue à la fois. Ce système métaphysique ne constitue rien d'autre qu'un effort considérable pour montrer que toute réalité empirique se fonde sur la pensée, sur la *représentation* (elle-même démultipliée en d'innombrables points de vues), conçue sur le modèle de la représentation humaine centrée sur l'identité du *cogito*, et qu'elle n'est donc, en son extériorité phénoménale et matérielle, qu'un ensemble d'apparences rationnellement fondées.

L'identification de la Raison humaine et de la Raison divine fondant toute chose, ne se réalisera totalement que chez Hegel, qui prétendra ainsi - dans certaines limites à juste titre - achever la métaphysique, dans une métaphysique de la subjectivité. Avec Hegel la métaphysique accède donc à un premier achèvement, lequel, nous le verrons plus loin, ne trouvera cependant, son plein accomplissement que chez Nietzsche. Or, la pensée de Hegel n'est compréhensible que sur la base de celle de Kant, qui, pour la première fois, met la Raison humaine au fondement de la réalité, mais avec encore cette restriction qu'elle est une Raison finie qui ne règne que sur la réalité telle qu'elle nous apparaît phénoménalement et non telle qu'elle est en soi. Il y a donc un mouvement de la pensée métaphysique qui va de Kant à Hegel, s'il est vrai que Kant n'a critiqué la métaphysique dogmatique traditionnelle qui culminait dans une théologie rationnelle, que pour initier une nouvelle métaphysique : la métaphysique de la subjectivité qu'il reviendra à Hegel d'accomplir[70]. Or, pour comprendre le sens du mouvement de pensée qui va de Kant à Hegel, il faut d'abord revenir à Aristote.

En effet, chez celui-ci la métaphysique s'accomplit, certes, comme une onto-théologie (une *Metaphysica specialis*), qui dévoile l'être du monde sublunaire comme constitué de *substances* animées par un effort interne et interminable pour actualiser leurs formes et résorber en elles la matière, c'est-à-dire par un effort perpétuel, pour *imiter* Dieu, seule substance parfaite, acte pur, pure pensée se pensant et cause finale du monde. Toutefois il y a un curieux dédoublement dans la métaphysique d'Aristote, souligné par Heidegger dans *Kant et le problème de la métaphysique*[71], car elle est aussi une métaphysique générale (*Metaphysica generalis*), qui pense l'être à travers les figures des catégories (substance, quantité, qualité, action, passion etc.), sur la base du discours rationnel comme enchaînement de propositions (ou de jugements) portant sur l'étant, c'est-à-dire comme discours prédicatif. Or, chez Aristote, le sens catégorial de l'être demeure un peu vague et secondaire, car il ne définit que les traits, ou les attributs, les plus généraux de l'étant comme tel, lequel nous est *d'abord apparu*, comme substance animée par un mouvement interne

70. C'est, évidemment, par seul souci de simplification que nous n'envisageons Kant, ici, que comme un précurseur de Hegel.

71. *Op. cit.*, Paris, Gallimard, 1977, Première section, p. 65 à 73.

d'actualisation de sa forme, c'est-à-dire par un effort pour imiter le divin. C'est chez Kant, puis définitivement chez Hegel, que la philosophie s'accomplira comme un « traité des catégories », dans la mesure où, chez ce dernier, la pensée divine qui a pour vocation de se retrouver et de s'accomplir en l'homme, va prendre des traits identiques à la pensée rationnelle humaine (qui se déploie dans et par le discours prédicatif). Il faut préciser cependant qu'une certaine indétermination a toujours caractérisé, depuis Aristote jusqu'à Hegel, la réflexion sur les catégories, dont le nombre exact ainsi que la manière de les déduire, ont toujours varié quelque peu d'un auteur à l'autre.

Aristote avait donc remarqué que le discours prédicatif (qui est propre à la Raison), c'est-à-dire le *logos apophanticos*, qui est un *legein ti kata tinos* (un discours qui dit quelque chose de quelque chose), présupposait à sa base des prédicats généraux implicite, par lesquels était d'abord *dévoilé* ce dont on parle : pour que je puisse dire, par exemple : « l'arbre est grand » et pendant que je le dis, il faut bien que je suppose sa présence permanente « là devant », comme substance et que je suppose aussi qu'il se caractérise par la quantité. Autrement dit le discours déclaratif, fait apparaître préalablement, et implicitement, ce dont il parle comme une substance pourvue d'attributs essentiels, comme la qualité la quantité, la possibilité d'agir ou de pâtir c'est-à-dire la causalité, etc.[72]. Or, pour la première fois chez Kant, il est présupposé que les

---

73. Concernant le sens des catégories chez Aristote, *cf.* Martin Heidegger, *Ce qu'est et comment se détermine la phusis*, in *Questions II*, Paris, Gallimard, 1977, p. 199 ; et *Nietzsche T. II*, Paris, Gallimard, 1980, p. 62 à 66.

catégories, véhiculées par le discours prédicatif qui caractérise l'entendement humain et qui est rattaché au « je pense », ne *révèlent* plus seulement la présence ainsi que les caractéristiques fondamentales de ce qui est posé devant nous, mais qu'elles le *produisent*, qu'elles le rendent *d'abord* possible (en s'unissant à ces formes *a priori* de la sensibilité que sont l'espace et le temps). Autrement dit, elles le constituent, l'organisent en le soumettant à leurs lois, sur la base d'une pure diversité matérielle qui est le résultat de notre affection obscure par la chose en soi inconnaissable. Le Je pense auquel sont rattachées les catégories (qui sont des fonctions d'unité de celui-ci), projette donc d'abord son unité dans la diversité matérielle sensible, sous les traits d'un objet transcendantal = X, de manière à la constituer alors en une objectivité organisée en face de lui. Toutefois, cette constitution de l'objectivité au moyen des catégories unies aux formes *a priori* de la sensibilité et sur la base d'une pure diversité matérielle (qui est l'effet de notre affection par la chose en soi), se réalise *a priori* de manière totalement *inconsciente*, grâce à un travail préalable de l'imagination, de sorte qu'elle a *déjà* eu lieu lorsque le sujet pensant se trouve devant un monde phénoménal organisé, qu'il perçoit et s'apprête à connaître.

Cela signifie que le *logos* humain, le discours rationnel ordonné au Je pense, qui s'apprête à connaître un monde déployé devant lui, a *déjà*, grâce à un travail totalement inconscient et *préalable* de l'imagination, structuré et organisé ce monde : il a déjà projeté en vis à vis son unité, de manière à organiser le divers sensible au moyen des catégories. C'est de cette manière qu'il va le placer en face de lui, en vis-à-vis, comme une réalité structurée, unifiée, qui lui apparaît d'abord dans la perception organisée, mais qui est surtout pleinement connaissable puisqu'elle n'est que le reflet de la pensée. Cela signifie que, pour la première fois, la Raison humaine *constitue* elle-même l'étant auquel elle se rapporte, en lui imposant ses lois (quantité, qualité, substantialité, causalité...), de manière à ce qu'il ne soit plus qu'un reflet et un simple satellite d'elle-même. C'est pourquoi, à ce moment là, l'étant devient véritablement, au sens précis, un *objet*, c'est-à-dire ce que s'oppose à lui-même le sujet rationnel humain, en le plaçant sous sa dépendance totale. La Raison, ou l'esprit, devient alors, en même temps, le *subjectum*, le substrat de l'étant phénoménal. C'est ainsi que le rapport Sujet-Objet, qui commençait à apparaître chez Descartes, va devenir fondamental en philosophie : il va maintenant définir le rapport de la Raison au monde. Mais, c'est seulement chez Hegel, qui élève le sujet rationnel à l'absolu en l'identifiant à Dieu que ce rapport permettra de caractériser définitivement la relation qu'entretient l'être (en tant que fondement absolu de tout ce qui est se reconnaissant en l'homme comme subjectivité), avec l'étant qu'il a fondé.

En effet, il revient à Hegel d'avoir conçu la pensée de Dieu comme un pur déploiement autonome du *logos*, du rationnel, bref comme une *logique*, à travers laquelle cette « pensée se pensant » éternelle, réfléchie en elle-même - qui en constitue l'essence et qui est l'Idée absolue - se méconnaît d'abord nécessairement elle-même en se déterminant de manière interne dans des figures catégoriales (qualité, quantité... substance, concept, objectivité…), avant de se reconnaitre alors, à la fin du processus, comme cette pure pensée se pensant qu'elle est. Or, dans la mesure où le déploiement catégorial de l'Idée absolue appartient de manière nécessaire à son essence, elle se saisit alors comme étant, en elle-même, l'unité d'elle-même (comme pure pensée réfléchie en elle-même) et de son auto-développement catégorial interne. Elle se saisit en elle-même, comme ce Même absolument présent à soi, qui est l'unité de lui-même et de son être devenu Autre (c'est-à-dire de son auto-déploiement catégorial interne). Et il faut préciser que ce *logos*, ce « rassemblement », pleinement présent à lui-même (pure identité), qui est donc de l'ordre de la pensée pure, n'a plus rien à voir avec celui d'Héraclite, qui, comme unité des tensions antagonistes, se confondait avec l'ordre aveugle, absent à lui-même et matériel de la *phusis*. Avec Hegel est donc définitivement porté à son achèvement, cette *sécession* du *logos* caractéristique de la métaphysique depuis Platon et Aristote, qui devenu pure pensée et qui, déniant la *phusis*, en est venu à régner sur l'être, à s'identifier totalement à celui-ci[73].

Or, il appartient à ce *logos* divin éternel s'auto-déployant d'abord en lui-même, de manière interne, en figures catégoriales (dans la *Logique*), de *s'aliéner* ensuite sous les traits de l'extériorité naturelle, de se « faire » nature tout en structurant alors celle-ci, et ce, de manière à revenir ensuite à lui-même, d'abord à travers la vie (première manifestation de l'Idée), puis à travers l'homme comme Esprit (lequel est l'Esprit divin en lui). A ce

73. *Introduction à la métaphysique,* p. 183.

moment là, le *logique* comme cet auto-déploiement catégorial du *logos* (de l'Idée absolue), qui a pensé par avance les structures rationnelles qui ont ensuite constitué et structuré toute réalité, vient se reconnaître dans et par la Raison humaine (dans et par le Dieu-fait homme). Il s'y reconnaît alors, comme unité de lui-même en tant que substance-sujet fondant toute réalité, et de la nature, comprise maintenant comme cette *objectivité* qui n'est rien d'autre que ce reflet de lui-même, cette projection de lui-même, à partir d'où il a pu revenir à soi, pour se saisir comme fondement de tout ce qui est. Le sujet au sens de l'Esprit qui pense, se sait alors pleinement comme étant en même temps le *subjectum*, le substrat de l'étant en totalité comme objet : c'est en ce sens que l'être devient subjectivité absolue. La Raison (ou l'Esprit) se saisit ainsi, se reconnaît à travers l'homme, comme cette subjectivité absolue qui est l'unité du sujet et de l'objet. Avec Hegel la Raison humaine, centrée sur la présence à soi du *cogito*, accède pleinement à son identification au *logos* divin éternel involué sur lui-même, de sorte que l'homme comme être rationnel, comme *subjectivité* présente à elle-même, conçoit le monde comme un simple objet, reflet de lui-même et sous sa dépendance, ayant pour vocation d'être entièrement explicable (car structuré par les catégories du Logique et donc entièrement constitué par des lois rationnelles), et disponible. Heidegger peut donc résumer de la sorte la pensée de Hegel : « Dans la mesure où le sujet se *sait* lui-même comme étant ce savoir qui conditionne toute objectivité, il *est* en tant qu'un tel savoir : l'Absolu lui-même. L'être dans sa vérité est la pensée se pensant elle-même absolument »[74].

On peut dire alors que la philosophie de Hegel, en pensant définitivement l'étant comme *objet* médiatisé par la subjectivité se pensant elle-même absolument, accomplit la métaphysique qui, depuis Platon, *déni* l'apparaître de la *phusis* comme surmesure d'une présence englobante et souveraine, en réduisant le monde sensible au statut de simples ombres inconsistantes projetées sur la paroi d'une caverne, à un ensemble de copies imparfaites produites par un modèle intelligible dont elles dépendent, puis à celui d'*ens creatum* dépendant d'un créateur tout puissant. Avec la réduction de l'étant au statut *d'objet*, produit par le sujet rationnel et dépendant de lui, s'accomplit en même temps l'identification totale de l'homme à l'être, à cette « négativité absolue » spirituelle s'auto-déployant comme substance éternelle présente à elle-même, centre et fondement absolu de tout ce qui est.

Toutefois, il va apparaître finalement - dans l'interprétation heideggérienne de l'histoire de la métaphysique - que cette subjectivité rationnelle ne constitue pas *à elle seule* la substance qui fonde toute chose, mais qu'elle se fonde elle-même sur la vie. Il va, en effet, s'avérer que la Raison n'est pas, en et par elle-même, le fondement de tout ce qui est, qu'elle n'est donc pas la manifestation d'un esprit divin, mais qu'elle est elle-même déployée par une *hubris* de la vie se manifestant en l'homme. Il y aura donc, après Hegel, encore une dernière étape représentée par Nietzsche, qui,

---

74. Martin Heidegger, *Hegel et les Grecs*, in *Questions II*, Paris, Gallimard, 1977, p. 49.

croyant renverser la métaphysique avec sa philosophie de la vie comme volonté de puissance, n'a fait selon Heidegger, qu'exhiber son soubassement profond, jusque là caché.

En effet, la vie caractérise en propre ce type d'étant qui s'auto-déploie spontanément, qui est certes, fondamentalement dépendant de l'inorganique par lequel il est précédé et englobé, mais qui cependant, pourrait prétendre (illusoirement) de par sa structure même - à condition que la démesure (l'*hubris*) s'empare de lui (comme cela se produit chez l'homme) - à la fois à l'auto-fondation rationnelle absolue et à la domination sur l'étant en totalité. C'est ainsi que, dès l'origine de la métaphysique traditionnelle chez les Grecs, à travers l'ontologie de la substance, c'est l'*hubris* de la vie qui, secrètement se manifeste.

Dans *Dépassement de la métaphysique* Heidegger écrit en effet ceci : « L'achèvement de la métaphysique commence avec la métaphysique hégélienne du savoir absolu entendu comme esprit de la volonté. Pourquoi cette métaphysique est-elle seulement le début de l'achèvement et non cet achèvement lui-même ? … Ici, est-il encore possible de se dépasser soi-même ? Non, sans doute. Mais il est encore possible de revenir à soi hors de toute condition, comme à la volonté de la vie »[75]. Or, voici ce qu'il ajoute dans son livre sur Nietzsche : « Il faut poser la question de savoir pourquoi… la position privilégiée de la vie et de l'être vivant en vient à se faire valoir précisément

75. Martin Heidegger, *Dépassement de la métaphysique*, in, *Essais et conférences*, Paris, Gallimard, 1976, p. 87.

dans l'achèvement de la métaphysique occidentale »[76]. Et voici la réponse : « Lorsque Nietzsche conçoit l'étant dans sa totalité et auparavant l'être, en tant que « vie »… ce n'est point biologiquement qu'il pense, mais *métaphysiquement* qu'il fonde cette image, apparemment biologique, du monde. Le fondement métaphysique de la position privilégiée de la vie a sa raison… dans le fait que Nietzsche amène l'essence de la métaphysique occidentale à son achèvement »[77]. Il faut comprendre alors que la vie, maintenant, ne se réduit plus à un simple secteur de l'étant, mais qu'elle est conçue comme étant l'être même de tout ce qui est : il y aurait une vie cosmique qui porterait et déploierait tout ce qui est, et qui se reconnaitrait pleinement en l'homme. Or, le propre de la vie, se posant comme essence même de l'être, est d'être volonté de puissance, c'est-à-dire de s'auto-affirmer en cherchant à accroître constamment sa puissance, c'est-à-dire en cherchant à asseoir toujours mieux sa domination sur l'étant dans son ensemble. La métaphysique occidentale s'achèverait donc comme philosophie de la vie, ce qui signifie que l'ontologie de la vie est l'accomplissement logique de celle de la *substance*. C'est bien ce qu'affirme Heidegger, qui écrit que dans la conception nietzschéenne de la vie comme volonté de puissance, celle-ci est pensée comme une subsistance en soi qui s'affirme en se portant toujours au-delà d'elle-même : « La prise de puissance porte la vie à se maintenir à un niveau et dans un état de soi subsistant par soi même, mais à se maintenir dans ce qui est mouvement en tant que

76. Martin Heidegger, *Nietzsche T. II*, Paris, Gallimard, 1980, p. 409.
77. *Ibid.*

surélévation »[78]. La volonté de puissance qui anime la vie et qui s'affirme dans et par l'homme, est ainsi la forme ultime de la métaphysique de la subjectivité, sa forme achevée. Ce n'est donc pas chez Hegel, mais bien chez Nietzsche que s'accomplit totalement la métaphysique de la subjectivité, sous les traits d'une auto-affirmation, à travers l'homme, de la vie comme volonté de puissance et substrat de toute réalité.

Il est essentiel de préciser alors, dès maintenant, que cette métaphysique de la vie (en laquelle s'accomplit toute la tradition métaphysique), n'a pas d'autre sens que d'exhiber, de mettre au jour, le présupposé ontologique inapparent qui fonde totalement le monde moderne. Elle exhibe en effet ceci, que l'être s'affirmant de manière souterraine comme vie (continue et substantielle) à travers l'homme, dans le monde moderne, tout ce qui est (l'étant en totalité) va être mis peu à peu au service de celle-ci, c'est-à-dire considéré comme un matériau exploitable. Et c'est dans la mesure où la vie en vient ainsi peu à peu, dans la modernité, à se soulever pour s'affirmer et prétendre se placer au centre et au fondement de l'étant, que l'ontologie de la vie connaîtra, à la suite de Nietzsche, de nouveaux et riches développements, en particulier chez Bergson, puis chez Deleuze. C'est d'abord à Frédéric Worms qu'il revient d'avoir clairement décelé l'importance croissante prise par le problème de la vie dans la philosophie contemporaine, en particulier en France. Et il lui revient d'être parmi les premiers à avoir compris que la pensée de Bergson, ainsi que celle de

78. *Ibid.,* p. 505.

Deleuze, devaient être fondamentalement envisagées comme des ontologies de la vie[79].

Toutefois, en dépit des apparences, la mise en place de cette ontologie de la vie dans le monde contemporain ne conduit pas à un dépassement ou à un rejet de la Raison. En effet, la Raison n'est pas dépassée par là, mais, nous allons le voir, elle va devenir l'outil *fondamental* de cette auto-affirmation de la vie. Et c'est pourquoi le rationalisme absolu hégélien représente bien le début de l'achèvement de la métaphysique.

Dès son origine chez Platon et Aristote, la métaphysique traditionnelle réfère toute chose à un absolu substantiel s'auto-affirmant (à un étant suprême), avec lequel l'homme entretient un rapport privilégié par sa Raison, et qui fonde rationnellement l'étant en totalité en le posant par et pour lui. Or, cet absolu pleinement présent à lui-même, d'abord conçu comme une « pensée de la pensée », se manifestera finalement sous les traits de l'auto-déploiement, de l'auto-activité de la vie qui s'affirme à travers l'homme, et qui dans son *hubris* prétend être un flux continu éternel, fondant tout ce qui est (et dont l'inorganique dépendrait). Cette affirmation inconditionnelle de la vie consiste donc, pour elle, à renverser, et ainsi à dénier, le rapport de dépendance qu'elle entretient avec l'inorganique. Or, la vie, comme Nietzsche l'a bien vu, est perspectiviste et interprète la réalité en fonction de ses intérêts. La Raison va alors apparaître maintenant, en son sens fondamental, comme

79. *Cf.*, Frédéric Worms, *La vie dans la philosophie du XX siècle en France*, in revue *Philosophie*, numéro 109, Paris, Minuit, printemps 2011.

*l'outil essentiel* de ce perspectivisme de la vie animé par une volonté de puissance : elle a, en effet, pour caractéristique de présupposer que la réalité dans son ensemble est totalement explicable et disponible par la technique. Or, en prétendant ainsi reconduire toute réalité à la présence à soi de la pensée (au *cogito*), elle la reconduit en fait à la présence à soi de la vie s'auto-déployant, qui porte secrètement le *cogito*. Cette pure présence à soi claire à elle-même et médiatisant toute réalité, qu'est le *cogito* comme essence de la Raison, est en fait portée par la présence à soi aveugle de la vie s'auto-affirmant.

Le perspectivisme vital, se déployant donc en l'homme grâce à son outil fondamental, la Raison (secrètement porté par la présence à soi aveugle de la vie), *présuppose* (imagine) que tout ce qui existe est fondé sur des lois rationnelles et donc parfaitement explicable et disponible pour la vie. Le déploiement catégorial de la pensée rationnelle qui réduit *a priori* toute chose à une réalité produite par la Raison et ayant pour vocation d'être à son service, d'être explicable et disponible pour elle, se fonde donc, en dernière instance, sur les intérêts de la vie, sur le perspectivisme vital. C'est, en effet, ce qu'affirme Heidegger dans son *Nietzsche* : « Voici ce que Nietzsche pense implicitement : toute pensée en catégories, toute pensée préalable dans des schèmes, c'est-à-dire d'après des règles, est perspectiviste, conditionnée par l'essence de la vie »[80]. On voit alors que, si la conception hégélienne de l'être comme Raison absolue divinisée, comme *logos*

80. *Ibid.,* p. 460.

pleinement présent à lui-même et fondement de toute réalité, est maintenant dépassée, pour autant, la Raison, avec ses catégories, n'est en aucune manière rejetée, mais elle accède au statut d'instrument *essentiel* de la vie. L'ontologie de la vie demeure donc, en même temps, le véhicule d'un règne de la Raison.

Toutefois, dans le monde moderne, ce règne de la Raison prend les traits d'un développement exceptionnel des sciences mathématisées, qui postulent la réduction totale du réel au calcul (c'est-à-dire sa représentabilité absolue), et qui vont régner sans partage. Il s'agit donc du développement de ce que Descartes avait anticipé sous le nom de *mathesis universalis*, qui, devenue techno-science - ou encore science technicisée - va être l'instrument fondamental de l'*hubris* de la vie s'affirmant comme subjectivité, c'est-à-dire se plaçant au centre de tout ce qui est, réduit à un matériau explicable et disponible. C'est la *mathesis* qui succède donc à la conception catégoriale de l'être qui culminait chez Hegel. Or, cette vie est bel et bien conçue comme ayant un sens ontologique, car elle n'est pas seulement humaine, mais bien une vie universelle, immanente à la matière et constituant l'essence même de tout ce qui est (l'être de l'étant). L'homme est ce vivant particulier et privilégié dans lequel cette vie vient, à la fois, se reconnaître et s'affirmer pleinement. Or, on vient de le voir, c'est à travers la techno-science exploitant toute chose à son service qu'elle va ainsi s'affirmer. Le règne de la technique scientifique moderne, exploitant totalement la terre, est donc l'aboutissement logique de la métaphysique traditionnelle.

Dans *Introduction à la métaphysique*, Heidegger ne parle, certes, pas encore de la vie comme volonté de puissance en tant qu'achèvement de la métaphysique. Il n'introduira cette réflexion fondamentale qu'un peu plus tard, dans son *Nietzsche*. Toutefois, il résume déjà très bien ce mouvement qui conduit de l'onto-théologie traditionnelle au règne de la technique qui en est l'aboutissement. Voici, en effet ce qu'il écrit : « Du fait que l'étant est une création de Dieu, c'est-à-dire quelque chose de prémédité rationnellement, il arrive nécessairement, aussitôt que… la Raison humaine prend la prépondérance et se pose elle-même comme absolue, que l'être de l'étant devient pensable dans la pensée pure de la mathématique. L'être ainsi calculable, et mis dans le calcul, fait de l'étant quelque chose de maîtrisable au sein de la technique moderne à structure mathématique, qui est *essentiellement* autre que tout ce qu'on avait pu connaître en fait d'usage d'outils »[81]. Ce texte montre déjà clairement, par un extraordinaire raccourci, en quoi, selon Heidegger, le monde moderne est issu de ce qu'avait mis au jour la métaphysique traditionnelle. Et on aperçoit donc très bien, à travers ces lignes, le sens profond de la méditation heideggérienne de la technique moderne comme accomplissement même de la métaphysique.

Or, à ce moment là, la métaphysique, en s'accomplissant, touche à sa fin, parce qu'il n'y a plus d'ouverture à l'étrangeté d'une présence, même réduite au statut d'un ob-jet encore op-posé au sujet, quoique dépendant de lui : il n'y a même plus d'objets, mais

---

81. *Op.*, cit., p. 197.

seulement des fonds calculables et disponibles (*Bestände*) où puise la vie pleine et sûre d'elle-même. En effet, à ce moment là, les questions métaphysiques traditionnelles ne peuvent plus se poser ainsi que ce philosophe de la vie qu'est Bergson - l'un des ultimes métaphysiciens de l'Occident avant Deleuze - l'a bien montré dans *Le Possible et le réel*. A partir du moment où l'homme sent en lui la poussée de l'élan vital continu et éternel, ramassé en lui-même tout en étant créateur de nouveauté, qui le porte et qui se déploie en toute chose, il ne peut plus se poser de questions ontologiques, il ne peut plus se poser la question de Leibniz : « pourquoi y a-t-il quelque chose plutôt que rien ? ». Il n'a plus aucune expérience du néant, c'est-à-dire d'un fond abyssal et retiré de l'étant en sa finitude, mais il se sent, en effet, au contraire, porté depuis l'intérieur de lui-même par la *plénitude* de l'élan vital éternel qui ne cesse de croître, « qui est du plein qui ne cesse de gonfler et qui ignore le vide »[82]. Il n'y a donc plus de place pour la possibilité du vide ou du néant.

A partir de là, l'expérience de *l'être* cède la place à un *faire*, sûr de lui et plein de lui-même, qui est porté par la plénitude de la poussée vitale ramassée en elle-même, se tenant alors dans l'évidence absolue (hors de question) du caractère de simple matériau à son service de toute chose. La métaphysique traditionnelle touche ainsi à sa fin, mais cette fin est son accomplissement, comme déni radical du sens originel de celle-ci. Elle est, en quelque sorte et paradoxalement, cette abolition progressive de la métaphysique originelle, qui conduit à cette forme de

---

82. Henri Bergson, *Le Possible et le réel*, Paris, PUF, 2011, p. 7.

retour, à un niveau supérieur, à l'ère biologique de l'humanité, qu'est le règne de la technique pour qui tout est matériau au service de la vie et de son activité propre, sans qu'il y ait la moindre place pour une question. Toutefois, il s'agit d'une *hubris* de la vie se voulant éternelle (d'un déni du tragique), qui se posant en tant que *vie universelle* (se reconnaissant et s'affirmant en la vie générique de l'humanité), comme fondement de tout ce qui est, prétend être (illusoirement) un flux continu éternel, dont les hommes, comme individus vivants particuliers vont devenir intérieurement les otages. L'homme va être alors le prisonnier d'un arrière monde « substantiel », au service duquel tout (y compris lui-même comme individu particulier) deviendra matériau disponible.

L'au-delà du monde phénoménal (le *méta-*) n'est plus maintenant conçu comme un simple « en deçà » abyssal, comme l'envers matériel, inorganique, hétérogène, dérobé et béant de ce monde-ci, qui est le seul monde en la surmesure de sa présence, et au sein duquel ne cesse de se déployer une extraordinaire profusion de choses toujours particulières. Mais il se manifeste maintenant sous les traits du règne et de l'auto-déploiement permanent d'un flux vital continu et éternel, qui est un véritable arrière monde car il est seul *substantiel*, tout devant lui être rapporté et subordonné. C'est très exactement de cette manière que la métaphysique traditionnelle exhibe ce qui fonde le monde moderne et se dépasse en lui en s'y accomplissant. Le monde moderne fait donc de l'homme, on le voit, un « halluciné de l'arrière monde », un otage de celui-ci, en un sens très particulier et très précis. Or, s'il est vrai que, suivant le mot de Nietzsche repris par Heidegger que nous avons déjà cité, « le christianisme est un platonisme pour le peuple »[83], qui lui a ainsi donné une portée considérable, alors il faut comprendre que c'est véritablement à partir du christianisme se répandant dans le monde romain, c'est-à-dire à partir du règne d'Auguste, que l'homme devint l'otage d'un arrière monde, se présentant comme la promesse d'une vie éternelle. Mais, ce qui fut d'abord imaginé comme une vie éternelle spirituelle dans l'au-delà, sera finalement reconnu, à partir de Nietzsche, puis chez Bergson, comme vie universelle immanente à la matière (biologique). La révolution par laquelle le citoyen romain, est devenu un sujet obséquieux, intérieurement soumis à l'empereur, et quasi simultanément un chrétien intérieurement soumis à la parole de Dieu, a donc préparé le monde moderne. Telle est la thèse défendue par Pascal Quignard : « Quand Octave devint Auguste, écrit-il, le citoyen, jusqu'alors père privé et homme libre… devint le *sujet obséquieux…* [il devint] un homme otage d'une voix intérieure prescriptive et progressivement punitive… La révolution de *l'obsequium* lors de la mise en place de l'Empire romain… [a été] relayée par le christianisme, amplifiée par les Etats puis les fascismes puis les totalitarismes »[84].

L'homme devient ainsi, finalement, l'otage, le captif, d'un puissant courant de vie qui s'impose à lui depuis l'intérieur, s'affirme à travers lui, se présentant comme l'essence même de ce qui est, et lui inspire ainsi

83. *Introduction à la métaphysique*, p. 114.

84. Pascal Quignard, *Mourir de penser*, Paris, Grasset, 2014, p. 154.

l'idée tenue pour évidente que tout ce qui est a pour vocation même d'être un matériau à son service (scientifiquement explicable et techniquement disponible). Ce courant vital le retient et en même temps se déchaîne en lui, de sorte qu'il est sommé de répondre à ce que cette vie universelle exige de lui : il doit arraisonner l'étant en totalité par la techno-science, au service de cette vie universelle incarnée dans le genre humain. Il devra donc se consacrer au déploiement et à la sécurité de cette vie générique, en renonçant à sa particularité individuelle et en se soumettant, comme nous le verrons plus loin, à un Etat universel assurant le contrôle total et la sécurité de ses membres. Or, nous allons le voir maintenant, cette ontologie de la vie, qui est exhibée peu à peu dans la métaphysique, n'est pas, *en elle-même*, le sens ultime de l'histoire de l'Occident, car elle est à son insu le *vecteur* fondamental d'un sens de l'être encore plus profond.

Voici, en effet, le point essentiel : lorsque la vie s'affirme ainsi (à travers l'homme) de manière inconditionnelle et prétend supplanter (et maîtriser) l'être (le fond inorganique informe de la *phusis*), elle se transforme inévitablement, débordée par sa propre *hubris*, en une puissance destructrice et finalement autodestructrice. Or, ce renversement de la vie en « pulsion de mort » se transformant en violence et en puissance de destruction et d'autodestruction, signifie *exactement* qu'elle est subvertie depuis l'intérieur par les puissances inorganiques informes de la *phusis* qu'elle croyait subjuguer (et c'est bien cela que montrait, déjà, la tragédie). La vie va alors déchaîner à travers elle, et à son insu, les puissances chtoniennes de la *phusis* qu'elle croyait avoir dominés. Or, cela se manifeste de plusieurs façons, à la fois en l'homme (sous les traits d'un déchaînement de violence irrationnelle) et dans la nature. En effet, d'une part, l'Etat universel qu'elle va mettre en place se transformera en système totalitaire de surveillance et de persécution ; d'autre part cet Etat sera subverti lui-même par une violence irrationnelle, de la part d'individus ou de groupes, qu'il ne pourra maîtriser. Simultanément, l'exploitation technoscientifique de la terre conduira à libérer les énergies cachées de la nature qui deviendront des puissances destructrices, dévastant la terre.

Il apparait alors que la prétention de la vie à s'identifier à l'être à travers l'homme en subjuguant la *phusis*, se transforme en son contraire : la vie devient le véhicule du fond chaotique de la *phusis* qui sort de sa retraite et se déchaîne, se manifestant par un excès de présence menaçante et destructrice. En devenant l'otage de la vie, de cet arrière monde qui se veut (illusoirement) substantiel, l'homme devient finalement l'otage du fond informe de la *phusis*, qui va se déchaîner à travers lui. Tel est le sens profond de l'oubli de l'être et de l'histoire occidentale devenue planétaire : l'être devient une puissance destructrice et menaçante pour l'homme. Et telle est dès lors, sa manière d'en être le « là », mais à son insu, car il se fait illusion sur lui-même en se considérant comme une subjectivité toute puissante. Or, nous allons progressivement voir les conséquences de cela.

# TROISIEME PARTIE

## **Le règne planétaire de la technique moderne comme accomplissement de la métaphysique occidentale**

Ce qui caractérise, fondamentalement, le monde moderne, est que l'étant en totalité a pour vocation de devenir un simple matériau au service de l'*hubris* de la vie, y compris les individus particuliers. C'est pourquoi la *technique* va être, en un sens particulier et radical, le trait fondamental de notre époque. La vie va, en effet, être porteuse d'un projet de fabrication et d'autofabrication, déployé par la techno-science moderne, que Heidegger a nommée d'abord, nous allons le voir, la *Machenschaft* (la fabrication ou fabricabilité). Or, il s'agit là de l'accomplissement même de la métaphysique traditionnelle, qui pensant l'être comme substance depuis l'origine, le pense nécessairement comme ce qui se fonde soi-même et donc finalement, s'autofabrique. Et c'est ce qui commence à se mettre en place dans la conception aristotélicienne de la *phusis*, qui n'est plus conforme à la conception originelle de celle-ci (chez les Présocratiques), mais qui la pense comme matière « désirant » la forme, et ainsi « s'autofabricant » comme substance à partir de ce modèle interne que lui fournit la forme. Voici, en effet, ce qu'écrit Heidegger à propose de la *Machenschaft* dans un passage essentiel des *Beiträge zur Philosophie* :

« Dans le contexte de la question de l'être, ce n'est pas une attitude humaine qui est nommée par ce terme [de *Machenschaft*], mais une guise de la manifestation de la pleine essence de l'être. Le mot, il faut... l'entendre en partant du *fabriquer* (*poiésis*, *techné*), que nous connaissons bien à titre de comportement humain.

Toutefois cela n'est possible que sur la base d'une interprétation de l'étant où la fabricabilité de l'étant vient au premier plan, et de telle sorte que l'étantité se détermine à partir de là, et se fixe dans la constance et l'éclat de la venue en présence. Le fait que *quelque chose se fabrique soi-même* et par suite soit aussi fabricable au moyen d'une procédure adéquate, cette aptitude à *se fabriquer soi-même* est l'interprétation de la *phusis* qui s'accomplit à partir de la *techné* et de son horizon d'entente de sorte que le poids du fabricable et du « se fabriquer soi-même » commence à devenir prépondérant (cf. le rapport *idea-techné*) : c'est tout cela qui doit s'entendre par le mot « fabrication (*Machenschaft*) »... Dorénavant, l'aspect fabricateur arrive... à la surface et comme intervient la pensée judéo-chrétienne de la Création (y compris la représentation correspondante de Dieu), l'*ens* devient *ens creatum*... Le rapport cause-effet devient le rapport prédominant (Dieu comme *causa sui*). C'est là... opérer une transition vers la percée de la *fabrication* en tant que pleine essence de l'étantité dans la pensée des Temps nouveaux... »[85]. Or, comme Heidegger l'ajoute un peu plus loin, nous savons encore peu de choses concernant ce sens fondamental de la métaphysique et de son aboutissement dans le monde moderne de la technique. Il écrit, en effet, à propose de la *Machenschaft*, à la suite du texte que nous venons de citer, que «... nous en savons vraiment peu sur elle, bien qu'elle traverse et régisse de part en part l'histoire occidentale de l'être jusqu'ici, c'est-à-dire de Platon à Nietzsche ». Et

85. Martin Heidegger, *Apports à la philosophie*, Paris, Gallimard, 2014, § 61, p. 153-154, traduction modifiée.

c'est pour cela qu'elle est très difficile à saisir. « L'émergence de l'idée que la pleine essence de l'étant soit fabricatrice, ajoute-t-il, est très difficile à saisir historialement, parce qu'au fond elle se met en train dès le premier commencement de la pensée occidentale (plus exactement depuis l'implosion de l'*aletheia*). »[86].

Le mot de *Machenschaft* est le mot fondamental qu'emploie Heidegger, du milieu des années trente jusqu'en 1949 (jusqu'aux conférences de Brême), pour désigner ce qu'il appellera à partir de là, de préférence, *Gestell*. Mais, dès 1941 les deux termes sont associés : « la *Machenschaft* (le *Gestell*) », écrit Heidegger dans le *Nietzsche*[87]. Or, nous verrons plus loin que ces termes ne sont cependant pas exactement équivalents. Le mot *Machenschaft* est traduit par « Machination » ou « Fabrication ». Il qualifie le monde moderne comme règne multiforme, mais sans partage, de l'efficience, de l'action opérante en vue de l'efficacité au service de la volonté de puissance, dans tous les domaines (le fascisme, le communisme, le libéralisme, pourraient donc être pensés, comme des modes de la *Machenschaft*). La *Machenschaft* serait alors la clef du nihilisme moderne : « Nihilisme, écrit Heidegger, signifie : tout est nul à tous les égards… il n'en est rien alors de l'étant comme tel en entier »[88]. En effet, plus rien ne vaut, plus rien n'a de rayonnement propre, d'« être », ne mérite le respect, mais tout peut être transformé en matériau exploitable, y

86. *Ibid.*, p. 159.
87. Martin Heidegger, *Nietzsche*, T. II, p. 380.
88. Martin Heidegger, *Le mot de Nietzsche « Dieu est mort »* in *Chemins…*, Paris, Gallimard, 1980, p. 320.

compris les hommes. Or, la *Machenschaft* est portée par la démesure qui s'est emparée de la vie comme volonté de puissance. On voit alors que la vie, s'affirmant inconditionnellement en exploitant toute chose, devient destructrice et autodestructrice sous l'effet de sa propre démesure. C'est ainsi que non seulement on exploite la nature sans limites, mais qu'on mobilise les hommes au service de la production de sorte qu'ils deviennent du « matériel humain »[89]. Ce nihilisme absolu peut aller, on l'a vu dans les régimes totalitaires, jusqu'à la production industrielle de cadavres dans les camps de concentration. Heidegger peut donc affirmer ceci dans l'une des conférences de Brême : « l'agriculture est maintenant une industrie alimentaire motorisée, quant à son essence la même chose que la fabrication de cadavres dans les chambres à gaz et les camps d'extermination, la même chose que les blocus et la réduction de pays à la famine, la même chose que la fabrication de bombes à hydrogène »[90].

Dans les *Beiträge*, Heidegger, nous venons de le voir, rattache la *Machenschaft* à un se fabriquer soi-même : il y a une prétention à l'autoproduction de soi, à l'auto déploiement absolu de soi (de la vie comme volonté de puissance), qui commande une exploitation/fabrication généralisée de l'étant en totalité de manière à se le subordonner. Il s'agit de faire en sorte que la réalité dans son ensemble soit fabriquée et se ramène à une présence à soi auto-déployée, éternelle, et contrôlant toute chose. Le règne de la *Machenschaft* apparaît alors comme celui de la

---

89. Martin Heidegger, *Nietzsche*, T. II, p. 310.
90. Cité in, Philippe Lacoue-Labarthe, *La Fiction du politique*, Paris, Bourgois, 1988, p. 58.

métaphysique achevée, s'il est vrai que celle-ci se met en place dès Aristote comme une façon d'envisager l'étant en totalité dans l'horizon d'un « se produire » articulé à la plénitude éternelle de « l'être-en-œuvre » accompli et ramassé en lui-même du divin. L'ontologie de la substance enveloppe donc en même temps une conception de l'être comme « auto-fabrication ». Si la technique moderne est l'accomplissement de la métaphysique, c'est donc bien parce que *déjà*, la métaphysique est portée par l'« esprit » de la *Machenschaft* : le monde y est pensé comme ce qui est fabriqué à partir d'un lieu d'« auto-fabrication » (la *causa sui*), et comme ce qui est alors produit à partir de modèles intelligibles préalables. Tout est finalement reconduit à une présence à soi, à une identité auto-consistante (substantielle), c'est-à-dire se soutenant d'elle-même dans l'être, bref, s'autoproduisant soi-même. C'est ce règne de la causalité ou encore du principe de raison, qui commandera la technique scientifique moderne. Et, à travers cela, on l'a vu, c'est la vie qui, en son *hubris*, tente de s'auto-affirmer inconditionnellement elle-même, ainsi que de produire et de maîtriser toute chose.

Or, la *Machenschaft*, qui se déploie dans la techno-science, laquelle domine totalement nos sociétés, va déboucher sur un « projet cybernétique du monde », un projet d'organisation technoscientifique totale du monde (aussi bien naturel qu'humain), qui est l'essence de ce que Heidegger appellera *Gestell* et qu'on traduit parfois par *Dispositif*. Le *Gestell*, ce « rassemblement » (*Ge-*) de toutes les manières de poser (*stellen*), de fabriquer, d'utiliser, de réquisitionner, nous semble avoir été forgé pour désigner cette vocation propre à la *Machenschaft* (ce règne pur de l'efficience, de l'action opérante) de conduire à un projet d'organisation parfaite du monde, c'est-à-dire de tendre à l'organisation totale et à se refermer ainsi sur lui-même, sous les traits d'un monde autocontrôlé. En 1953, dans *la Question de la technique*, qui constitue (avec les conférences de Brême), l'un des premiers développements que Heidegger a consacré au *Gestell*, il pense celui-ci comme un mode spécifique du dévoilement de l'étant en son être. En effet, dans le monde moderne, l'étant en totalité ne peut plus apparaître que dans l'horizon d'une provocation – de la part de la science technicisée - par laquelle il est réduit à un modèle mathématique, à la calculabilité, de manière à être alors totalement exploité et ramené au statut de fonds disponible. C'est pourquoi le terme de *Gestell* a été fort justement traduit par celui *d'arraisonnement*, bien que cette traduction ne soit pas littérale. Et il faut comprendre que l'homme lui-même, dans sa vie sociale, est soumis à un tel arraisonnement, bien qu'il le mette en œuvre. Or, Heidegger affirme, sans insister cependant sur ce point, qu'il appartient à cet arraisonnement du monde, aussi bien naturel que social, de se contrôler lui-même. « Le dévoilement, écrit-il, qui régit complètement la technique moderne… se dévoile à lui-même ses propres voies… en tant qu'il les dirige. La direction elle-même, de son côté, est partout assurée. Direction et assurance (de direction) sont même les traits principaux du dévoilement qui provoque »[91]. Or, ce sens profond du *Gestell*, comme règne de la toute puissance de la science technicisée

---

91. Martin Heidegger, *La Question de la technique*, in *Essais et Conférences*, Paris Gallimard, 1976, p. 22.

autocontrôlée et étendant son emprise sur le réel, sera pleinement décrit en 1967 dans la *Conférence d'Athènes* et sera pensé comme « projet cybernétique du monde ». Voici, en effet, ce qu'affirme Heidegger :

« Nous vivons dans un monde scientifique… [Cela signifie]… la victoire de la *méthode* scientifique sur la science. La méthode est le projet qui d'avance a prise sur le monde… Et quel est ce projet ? Réponse : que soit en général soumis au calcul tout ce qui est accessible à l'expérimentation et contrôlable par elle… Grâce à la calculabilité, le monde devient, toujours et partout, soumis à la maîtrise de l'homme. La méthode est la provocation victorieuse lancée au monde pour qu'il soit en général à la pleine disposition de l'homme… la victoire de la méthode se développe aujourd'hui en ses possibilités les plus extrêmes comme cybernétique… Le projet cybernétique du monde suppose, dans sa saisie préalable, que la caractéristique fondamentale de tous les processus calculables soit la commande. La commande d'un processus par un autre est rendue possible par la transmission d'une information. Dans la mesure où le processus commandé renvoie des messages à celui qui le commande… la commande a le caractère de la rétroaction des informations… La circularité de la régulation est le caractère fondamental du monde que projette la cybernétique. Sur elle repose la possibilité de l'autorégulation… Le projet cybernétique du monde… rend possible que le monde de l'inanimé et de l'animé soit soumis à un calcul… c'est-à-dire à une maîtrise… L'homme a lui aussi sa place assignée dans cette uniformité du monde cybernétique…, il a son lieu dans le système de régulation la plus large… Celui-ci est en effet le sujet, qui se rapporte au monde comme au domaine des objets en les travaillant… La science cybernétique de l'homme cherche à présent les fondements d'une anthropologie scientifique là où le réquisit principal de la méthode, le projet de tout soumettre au calcul, peut être satisfait de la façon la plus sûre dans l'expérimentation, à savoir dans la biochimie et la biophysique… La biochimie a découvert le plan de la vie dans les gènes… Ce plan est la programmation inscrite et stockée dans les gènes, le programme de l'évolution… Sur sa connaissance se fonde la perspective assurée d'obtenir un jour une prise sur la production et la sélection de l'homme par la technique scientifique… Cependant… l'homme est déterminé comme l'être social. Mais la société veut dire : société industrielle. Elle est le sujet auquel le monde des objets demeure rapporté… [et] la société industrielle ne peut être ce qu'elle est que si elle se soumet aux règles de la science dominée par la cybernétique et de la technique scientifique… L'autorité anonyme de la science est considéré comme intouchable… Le caractère fondamental du projet cybernétique du monde est la circularité de la régulation, dans laquelle la rétroaction des informations a son cours… Les rapports de l'homme et du monde, et, avec eux, la totalité de l'existence sociale de l'homme sont enclos dans le domaine où la science cybernétique exerce sa maîtrise »[92].

Il faut alors ajouter que ce projet, très inquiétant et parfaitement totalitaire, par lequel l'homme lui-même

92. Martin Heidegger, *La Provenance de l'art et la destination de la pensée* (1967), in *L'Herne, Martin Heidegger*, 1982, p. 87-89.

serait voué à la fabrication technoscientifique et au contrôle total, doit être compris comme ayant une vocation planétaire, c'est-à-dire comme ayant une tendance à s'accomplir sous la forme d'un Etat mondial, d'un gouvernement planétaire, ainsi que nous l'avons déjà suggéré plus haut. Dans les dernières lignes de *La Parole d'Anaximandre*, Heidegger écrit, en effet : « L'homme est sur le point de se jeter sur la terre tout entière et sur son atmosphère, d'usurper et de s'attacher, sous forme de « forces », le règne secret de la nature, et de soumettre le cours de l'histoire à la planification et à l'ordonnance d'un gouvernement planétaire »[93].

Mais il faut comprendre que ce projet, de l'organisation de la *Machenschaft* en un tel *Gestell*, en un tel *Dispositif* pleinement autocontrôlé (grâce à la science) et qui prendrait une dimension planétaire, est voué, au moins en partie, à l'échec, parce que la vie ne peut s'auto-fonder et s'autocontrôler (c'est une illusion) : cette prétention n'est que le voile d'une exigence d'affirmation absolue et irrationnelle de la vie à chaque fois dans sa particularité contingente, ce qui ne peut qu'entraîner le déchaînement anarchique de la *Machenschaft*. Le monde moderne sera alors déchiré entre son effort pour se constituer en Dispositif planétaire totalitaire, et un déchaînement concomitant de violence irrationnelle qu'il ne pourra contenir. Il verra donc ce règne déchaîné de la *Machenschaft*, pour qui tout est matériau utilisable, y compris l'homme lui-même, au service d'individus, de groupes ou d'Etats, mettant en œuvre un pur déploiement

93. In *Chemins...*, p. 449.

de puissance nihiliste, qui débouchera - mais on le voit déjà aujourd'hui - sur une guerre civile planétaire. Cela veut dire que ce règne de la technique (pour qui tout est utilisable, fabricable et disponible sans limites) ne parviendra vraisemblablement pas à prendre une forme stable. Déjà au vingtième siècle, la *Machenschaft* avait pris selon Heidegger, nous l'avons suggéré, les trois formes, du nationalisme déchaîné (fascisme), de l'individualisme déchaîné en quête de richesses (américanisme), et du communisme totalitaire (socialisme)[94]. Cela signifie en particulier, notons le au passage, que contrairement à Marx, Heidegger ne pense pas que ce qu'on appelle aujourd'hui « capitalisme » (ou libéralisme) constitue la clef pour comprendre notre temps, car ce n'est qu'une manifestation particulière (et peut-être seulement transitoire) de la *Machenschaft*. Il apparaît donc, à nos yeux, que la notion de *Machenschaft* est finalement plus fondamentale encore, chez Heidegger, que celle de *Gestell* qui semble pourtant l'avoir supplantée et remplacée à partir de 1949.

La métaphysique traditionnelle dévalorisant le monde sensible, le règne de la *phusis*, et débouchant sur une ontologie de la vie à travers laquelle se déchaîne une « pulsion de mort », prépare ainsi le monde moderne de la technique planétaire, où l'étant est entièrement exploité et la terre dévastée au service d'une société uniformisée, nivelée, au sein de laquelle chaque individu est lui-même totalement mobilisé. C'est pourquoi Heidegger pourra dire ceci au cours des *Séminaires du Thor* : « Avec les Grecs

---

94. *Cf.*, Jean-Marie Vaysse, *Le Vocabulaire de Heidegger*, Paris, Ellipses, 2000, p. 15.

l'enfer a déjà commencé, précisément avec la distinction d'*aïsthésis* et de *noesis* »[95]. L'« enfer » commence, en effet, à partir du moment où le sensible est dévalorisé par rapport à l'intelligible. Ce règne de la technique, qui va probablement échouer à se constituer en ordre mondial stable et débouchera sur une guerre civile planétaire, conduit ainsi à la situation suivante, déjà bien décrite dans *Introduction à la métaphysique* :

« ... la frénésie sinistre de la technique déchaînée et de l'organisation sans racine de l'homme normalisé, en un temps où le dernier petit coin du globe terrestre a été soumis à la domination de la technique, et est devenu exploitable économiquement (...). L'obscurcissement du monde, la fuite des dieux, la dévastation de la terre, la grégarisation de l'homme, la suspicion haineuse à l'égard de tout ce qui est créateur et libre, tout cela a déjà atteint, sur toute la terre, de telles proportions, que des catégories aussi enfantines que pessimisme et optimisme sont depuis longtemps devenues ridicules (...). Toutes choses sont tombées au même niveau..., la dimension prédominante est celle de l'extension et du nombre. Désormais, la prédominance d'un niveau moyen où tout est égal et indifférent... fait passer pour un mensonge tout ce qui a de la grandeur... c'est l'invasion de ce que nous appelons le démoniaque (au sens de la malveillance dévastatrice) »[96].

Le monde moderne est donc bien issu, non pas de la métaphysique (sous sa forme originelle), mais d'un *dévoiement* de son sens originel à partir de Platon et d'Aristote. Ce dévoiement est, nous l'avons suggéré, à

---

95. Martin Heidegger, *Questions IV*, Paris, Gallimard, 1976, p. 253.
96. *Op. cit. ;* p. 49 et 57.

l'origine de scissions qui caractérisent encore notre monde : entre être et devenir, être et apparaître, être et pensée, essence et existence. Ces scissions expliquent la dévalorisation du monde sensible, du monde phénoménal, « l'obscurcissement de ce monde »[97] caractérisé par le devenir et la particularité des êtres : il est voué à être exploité totalement et soumis à la pensée rationnelle. Cela explique non seulement la dévastation de la terre, le règne aliénant du virtuel, mais aussi la dévalorisation de l'individu en sa particularité, qui doit être standardisé et mobilisé au service de l'universel. Le monde est ainsi exploité, dévasté, réduit à la disponibilité totale, consommé, constitué de produits interchangeables et jetables (fabriqués à partir de modèles théoriques), remplacé par des mondes virtuels de simulation ; bref, il faut qu'il se montre, de toutes les manières possibles, en sa nullité ontologique totale (être aujourd'hui c'est être remplaçable dit Heidegger, alors qu'à l'origine c'était au contraire être irremplaçable).

La réalité, y compris humaine, se montre ainsi au service exclusif de l'*hubris* impersonnelle de la vie déchaînée qui exige de s'affirmer totalement, inconditionnellement – et qui s'efforce donc aussi, illusoirement, de s'auto-fonder et de s'autocontrôler. Tel est le sens du nihilisme moderne. A l'arrière plan du règne planétaire de la technique moderne, dévastant la terre, mobilisant les hommes à son service, et en même temps confrontée à un déchaînement de la guerre civile planétaire (à travers lequel des individus et des groupes

---

97. *Introduction à la métaphysique*, p. 56.

s'affirment inconditionnellement), il y a donc une insurrection de la vie à travers l'homme, un soulèvement de celle-ci comme flux vital se voulant éternel, mais entraînée en fait vers l'autodestruction, qui dévaste la terre - libérant, en croyant illusoirement pouvoir les capter, les puissances chtoniennes de celle-ci qui vont alors se déchaîner - et qui fait de tout un chacun son *otage*. La vie est, dans sa prétention ontologique, « l'arrière monde » retiré qui soumet et dévore le monde sensible des phénomènes, conduisant inévitablement à des catastrophes et à sa propre autodestruction en déchaînant les puissances chtoniennes de l'inorganique qu'elle croyait dominer et qui la subvertissent. Elle est donc elle-même le vecteur d'une insurrection du fond retiré de la *phusis*. C'est pourquoi le monde de l'avenir verra, à la fois dans la société et dans la nature, en même temps que le retrait des dieux, le règne (le retour) de ces puissances élémentaires, informes et destructrices, appartenant au fond retiré de la *phusis*, que représentent les Titans, selon Jünger profondément inspiré par Hölderlin. Voici en effet ce qu'il écrit dans sa dernière œuvre :

« Le prochain siècle appartient aux Titans ; les dieux perdront encore du prestige (…). Le naufrage du *Titanic*, sombrant contre un iceberg, est un signe prophétique comme on n'en trouve d'ordinaire que dans le mythe (…). Des figures herculéennes, centauréennes et prométhéennes commencent à se profiler – et en premier lieu celle du Travailleur… Il ne faut pas oublier les géants et les chimères ; ils surgissent là où la recherche, comme dans la technique nucléaire et génétique, touche à ses limites et commence à les franchir (…). Les Titans n'ont pas besoin de prières ; on les sert en travaillant. On a pour eux une haute estime, bien que leur nom se dissimule derrière leur action. Aussi ne dit-on plus aujourd'hui Ouranos mais Uranium. Pluton lui-même, bien que puissant sur la terre, n'appartient pas à l'Olympe »[98].

Ce déchaînement, aussi bien en l'homme que dans la nature, des puissances chtoniennes irrationnelles et de leur violence, lesquelles en viennent à menacer l'étant et en particulier la vie elle-même, débordée par sa propre démesure, nous révèle alors le sens dernier de l'histoire occidentale devenue planétaire. Or, ce faisant, il nous révèle simultanément l'essence véritable et ultime (mais cachée), de la métaphysique depuis Platon et Aristote, laquelle est le lieu où le sens profond de cette histoire a été exhibé. En effet, la conception de l'être se mettant peu à peu en place, d'abord comme une substance divine éternelle, *causa sui* et toute puissante, à laquelle tout étant est subordonné au titre d'*ens creatum*, puis finalement chez Hegel comme une subjectivité absolue portée par la puissance et l'énergie d'une « négativité absolue » qui déploie et régit toute chose, débouche finalement, on l'a vu, sur une ontologie de la vie, réduisant toute chose au statut de matériau disponible. Or, cette insurrection de la vie en sa démesure, qui porte et commande secrètement - et de manière encore totalement méconnaissable - la conception de l'être présente dès l'origine de la métaphysique traditionnelle, est elle-même le vecteur d'une insurrection du fond informe retiré de la *phusis*. Celui-ci, sortant de sa retraite, se manifeste alors comme

98. Ernst Jünger, *Les Ciseaux*, Paris, Bourgois, 1993, p. 221-228.

une puissance menaçante, se déchaînant aussi bien à travers la violence (ou l'*hubris*) humaine irrationnelle et destructrice, (qu'il s'agisse de celle des Etats ou de celle des individus), qu'a travers la libération par la techno-science, des énergies cachées de la nature, qui la subvertissent et se transforment en puissances dévastatrice. Heidegger montre bien, en effet, dans *Le Principe de raison* qu'à travers « l'appel à rendre raison » qui entraîne la technique scientifique et la pousse à libérer les énergies cachées de la nature, c'est l'être lui-même qui « manifeste une puissance encore inconnue »[99].

Il apparaît alors que le sens dernier et secret de cette métaphysique – et de l'histoire occidentale qu'elle reflète - consiste en ceci que le *méta-*, c'est-à-dire l'être, en tant qu'il est cet « au-delà » retiré de l'étant qui était plutôt conçu à l'origine comme un en deçà dérobé et inaccessible, en est venu à *sortir de sa retraite* et à menacer de « dévorer » l'étant. L'« arrière monde », ce qui aurait du demeurer en retrait (le Chaos, avec les Titans qui en sont issus et qui avaient été d'abord vaincus par les dieux), entre alors en insurrection et fait de l'homme son otage, au sens où il le subjugue à son insu en se déchaînant à travers lui, de manière à dévaster l'étant. Il n'y a donc jamais eu qu'un seul sens de l'être, en dépit des apparences : l'être est, et n'a jamais été autre chose, sous différents noms à travers lesquels il se dissimulait, que le fond chaotique hétérogène de la *phusis*. Mais ce qui arrive dans l'histoire de la métaphysique (à travers le déni du tragique et le retour de l'*hubris* de la vie en l'homme),

---

99. Martin Heidegger, *Le Principe de raison*, Paris, Gallimard, 1978, p. 140.

c'est l'insurrection de cet être devenant une puissance menaçante et destructrice. On peut alors parler en ce sens d'« histoire de l'être », car l'oubli de son sens originel, comme trait dominant de notre histoire, est en réalité l'insurrection silencieuse de celui-ci qui sort de sa retraite et se déchaîne de manière destructrice à travers l'homme et ses activités techniques, sous les traits de la « malignité de la fureur (*Bösartigen des Grimmes*) »[100]. Il faut donc voir le péril qui menace le monde moderne comme résidant en l'être même, qui se manifeste comme « dégondement (*Unfug*) » et « malignité (*Tücke*) »[101].

L'être se montre alors comme une puissance menaçante et indisponible qui va devenir dévastatrice et destructrice pour l'homme lui-même à son insu. Or, cela provient de ce que notre rapport à l'être, ne peut, d'une manière ou d'une autre, être que *tragique* (c'est-à-dire ne peut s'établir que dans une certaine distance, à travers une fracture), car il est une dimension hétérogène, incommensurable et souveraine, de sorte que chercher à s'unir à lui, ou à maîtriser la plénitude qu'il promet (comme cela arrive en Occident), s'avère dévastateur. L'homme moderne, qui dénie le tragique originel, *subit* donc (mais à son insu), par ce déchaînement de puissance dévastatrice qu'il véhicule mais qui le déborde et le menace, une forme de relation tragique, mais négative, à l'être. Ce qu'il dénie et refuse d'assumer (l'hétérogénéité de l'être), *fait alors retour* et se manifeste à lui depuis

---

100. Martin Heidegger, *Lettre sur l'humanisme*, Paris, Aubier, 1977, p. 157.
101. *Cf.* Gérard Guest, *Voir le danger en l'être*, in *L'Infini*, n° 95, p. 9 à 17.

l'extérieur comme une puissance destructrice. Enfermé dans la certitude de sa toute puissance comme être rationnel porté par l'élan vital, et persuadé d'avoir dépassé toute illusion métaphysique, l'homme est en fait à son insu sous le menace de l'être, comme le roi Œdipe ignorant de ses crimes dans Thèbes assiégée et menacée par la peste.

Cette faculté tant vantée depuis des siècles, qui apparaît avec Platon et Aristote, qui a été nommée la Raison et qui prétendait nous libérer de cette pensée naïve, grossière, primitive, préscientifique, qui est portée par le mythe, n'est donc en fait elle-même que le véhicule d'un nouveau règne des Titans, c'est-à-dire des puissances élémentaires, nommées par le mythe, qui constituaient le fond retiré de la *phusis* refoulé par la *diké* (dont les dieux sont les garants), lesquelles sortent alors de leur retraite et entrent en insurrection. Il apparaît alors que c'est la Raison, laquelle prétendait interpréter la poésie mythique (avec une certaine condescendance) et la supplanter, qui doit plutôt, *au contraire*, être comprise et située elle-même à partir du mythe, c'est-à-dire comprise dans le cadre *indépassable* de celui-ci.

Toutefois, ces derniers développements n'infirment pas mais *prolongent* plutôt de manière à le compléter, ce que nous avions établi concernant la vie. En effet, il ne faut pas perdre de vue cependant, que cette insurrection du fond informe de l'être est portée par la démesure qui anime la vie. En résumé, il faut donc bien retenir que l'homme moderne est effectivement l'otage intérieur de l'insurrection de la vie en sa volonté de puissance (qui prétend illusoirement s'affirmer comme un flux continu et substantiel), ainsi que nous l'avions établi. Mais il faut comprendre alors, qu'à travers cela, il devient, plus profondément, l'otage des puissances chtoniennes de la *phusis* qui se déchaînent dans et par la vie devenue, par un renversement inévitable de son sens sous l'effet de sa propre démesure, destructrice et autodestructrice, emportée par une « pulsion de mort ».

# CONCLUSION

## Le « tragique moderne » selon Hölderlin compris comme forme ultime de la métaphysique

Le monde contemporain, voué à la *Machenschaft* et au nihilisme qu'elle véhicule, ce monde de la dévastation de la terre et de la grégarisation de l'homme est donc issu pour Heidegger, nous l'avons longuement montré, de l'oubli de notre ouverture au sens originel de l'être. Il provient de l'« effondrement » (*Einsturz*) de l'*aletheia* en son sens premier, c'est-à-dire comme vérité de la *phusis*. Dans la mesure où l'homme ne s'ouvre plus à sa propre finitude de mortel et simultanément à l'être en sa dimension abyssale et hétérogène, comme c'était le cas dans le mythe, la tragédie et chez les penseurs et les poètes présocratiques, mais qu'il prétend au contraire l'arraisonner, celui-ci se déchaîne alors à travers lui comme une puissance dévastatrice. Or, cela se manifeste, entre autres choses, selon Heidegger, dans le fait que le mot « être », n'apparaît plus aujourd'hui que comme un mot vide à la signification indéterminée. Il faut donc poser à nouveaux frais, de manière radicale, la question de l'être. Mais cela implique alors, nous l'avons montré, rien de moins, qu'un *retour* au commencement de notre histoire, avant Platon et Aristote, vers le monde présocratique, dans la mesure où l'être s'y était dévoilé en son sens originel. Voici, en effet, ce qu'écrit Heidegger dans *Introduction à la métaphysique* : « Demander : qu'en est-il de l'être ? – cela signifie rien de moins que requérir le commencement de notre *Dasein* spirituel en tant qu'historique, pour le transformer en un autre commencement... Pour qu'un commencement se répète... il faut que le commencement soit recommencé *plus originairement* »[102]. Il faudrait donc regagner le commencement grec présocratique de la philosophie, c'est-à-dire retrouver cette origine perdue en laquelle poésie et pensée (*Mythos* et *Logos*), n'étaient pas encore séparées. Il faut cependant, dit Heidegger, répéter ce commencement de manière encore plus originaire, s'il est vrai que, très tôt, les Grecs ont eu tendance à oublier la dimension chaotique et abyssale de l'être au profit d'une conception de celui-ci comme présence constante. Or, s'il faut répéter le commencement, c'est dans la mesure où celui-ci n'est pas, comme on le croit généralement, ce qu'il y a de plus grossier et de plus primitif, mais au contraire ce qu'il y a de plus grand. En effet : « Le commencement de la philosophie grecque fait… l'impression de quelque chose de primitif… cette interprétation oublie qu'il s'agit de philosophie, qui appartient aux rares grandes choses de l'homme. Or tout ce qui est grand ne peut commencer que grand. C'est même le commencement qui est le plus grand »[103].

En 1935, Heidegger semblait donc encore croire à la possibilité d'un tel retour aux Grecs, d'une reprise, encore plus radicale, de leur pensée et de leur mode d'ouverture au monde. Il semblait donc croire encore en la possibilité d'un retour au sens originaire de la métaphysique. Or, dans les années qui suivirent, sous l'influence décisive de Hölderlin, il en vint à envisager ce retour aux Grecs d'une manière tout autre, qui ne soit plus une simple répétition. Pour comprendre ce point il faut tout d'abord se souvenir de ceci, que le sens originel de la

---

102. *Ibid.*, p. 50.
103. p. 28.

métaphysique ne faisait qu'un avec le tragique, dans la mesure où l'homme ne pouvait s'ouvrir à cette dimension abyssale et chaotique qu'est l'être, de manière à dévoiler la *phusis* englobante, qu'en assumant sa finitude de mortel jeté dans le monde. Or, cela impliquait, ainsi que le montre la tragédie, le renoncement à l'*hubris* et l'intégration dans l'ordre de la *diké*. En effet, l'être comme essence de la *phusis*, n'est pas seulement le fond chaotique de celle-ci, mais aussi la *diké* (ou encore la *Moïra*), c'est-à-dire l'ordre du monde que déploie ce fond (comme jeu spatio-temporel des contrastes), lequel, donnant à chaque étant son partage, en scelle la finitude. Mais dans la langue imagée des poètes grecs, s'intégrer dans l'ordre de la *diké*, revient à se tenir sous le « regard » des dieux qui en sont les garants. En effet, les dieux qui médiatisent le rapport des mortels au chaos, sont les garants de l'ordre du monde, de la *diké* et de ses lois (dont l'ordre social est la réplique), dans lequel l'homme doit s'inscrire et se reconnaître comme mortel en accédant au langage, et ce de telle manière que son *hubris* vitale originelle soit « refoulée ».

Mais comme Heidegger a fini par le comprendre, sous l'influence décisive de Hölderlin, les dieux, aujourd'hui, se sont enfuis ! C'est pourquoi, la métaphysique originelle, cette ouverture à la présence insondable du monde, dans et par la finitude, nous pouvons certes la *penser* (ainsi que nous venons de le faire), mais nous ne pouvons plus aujourd'hui *l'habiter pleinement* et il serait donc illusoire comme le poète a fini par le comprendre, de prétendre répéter et imiter les Grecs. Le règne de la *Machenschaft* déchaînée et portée par l'*hubris* de la vie qui caractérise notre monde, ne signifie finalement rien d'autre que la destruction irrémédiable de ces règles sociales traditionnelles, portées par la langue et garanties par les dieux, qui étaient la réplique de l'ordre de la *diké* et qui ouvraient le *Dasein*, assumant sa finitude, au déjà là englobant de la *phusis*. Il apparaît alors que la répétition du commencement grec ne peut pas prendre le sens, ce serait totalement artificiel et illusoire, d'un pur et simple retour aux Grecs. Elle consiste, bien plutôt, à prendre la pleine mesure de la signification du règne nihiliste moderne de la *Machenschaft*, comme oubli radical et aboutissement de cet « effondrement » de l'ouverture des Grecs anciens à l'être, qui constitue le point de départ de notre histoire. Le « retour aux Grecs » ne peut donc être une imitation ou une renaissance de leur monde, il ne peut prendre le sens d'un « retour des dieux », mais il doit *tout au contraire*, constituer un *détour* propre à nous faire prendre véritablement conscience du sens de *notre propre monde*, du nihilisme qui le caractérise, comme étant celui de la « fuite des dieux ». Or, cela ne doit pas être interprété de manière négative. A la fin du poème intitulé *Vocation du poète* Hölderlin avait d'abord écrit : « … l'homme reste sans peur… aussi longtemps que le dieu ne lui fait pas défaut ». Or, dans une deuxième version, plus tardive, du même poème, à la place de ce vers, il écrivit : « Jusqu'à ce que le défaut du dieu l'aide »[104]. Comment le « défaut » du dieu pourrait-il nous apporter de l'aide ? Comment comprendre un tel paradoxe qui peut même apparaître comme une absurdité ? Bien loin d'être une formule insensée et totalement

---

104. Cité par Maurice Blanchot, *L'Itinéraire de Hölderlin*, in, *L'Espace littéraire*, Paris, Gallimard, 1982, p. 369.

négative, ce vers fondamental va, comme nous allons le voir, nous donner la clef de la possibilité pour l'homme moderne de se porter *positivement* à la hauteur de la métaphysique qui le constitue en propre comme *Dasein.*

Hölderlin veut dire, tout d'abord, qu'à travers la prise de conscience de la « fuite des dieux » comme caractéristique fondamentale du monde moderne, nous en venons à éprouver le *manque* de ceux-ci. Or, la conséquence de cela est que ce règne de la *Machenschaft*, de la disponibilité et de la fabrication de toute chose, ce règne illimité de la production / consommation visant à combler tous les manques, qui est aussi le règne du déchaînement de la puissance, va nous apparaître alors, pour la première fois, comme étant, *paradoxalement*, le résultat inapparent d'un manque fondamental, d'une *carence* essentielle, c'est-à-dire du « défaut des dieux ».

Or, prendre ainsi en vue le monde moderne, qui croit être celui du progrès et de la libération des hommes, comme étant en réalité celui de la « fuite des dieux », comme étant caractérisé par une absence, un vide, un manque fondamental, provoque une conversion intérieure. S'il est vrai que les dieux, n'étaient que des images poétiques qui désignaient l'ordre du monde et ainsi la médiation par laquelle le fond chaotique de la *phusis* s'ouvrait à l'homme *comme tel* - c'est-à-dire comme une dimension *dérobée*, « manquante », en deçà (ou au-delà) de l'étant - alors, s'ouvrir à leur « défaut », revient à retrouver le sens originel du « *méta-*» (de la méta-physique), comme ce qui, précisément, fait défaut dans notre monde. Ce monde apparaît alors, comme caractérisé par le « manque d'un manque », c'est-à-dire, exactement, par le défaut de l'ouverture essentielle à une dimension ontologique dérobée. A travers cela, le règne activiste de la *Machenschaft* se montre comme n'étant rien d'autre que le *déni* du sens originel de la métaphysique, lequel est alors retrouvé, mais comme ce qui *manque* fondamentalement. Mais, ainsi que nous l'avons vu, le sens originel de la métaphysique en tant qu'elle était « le *Dasein* lui-même », avait été exhibé dans et par la tragédie grecque, comme Heidegger l'a bien compris en s'appropriant pour la prolonger la poésie-pensée de Hölderlin. Il faut donc retrouver la tragédie, mais comme l'a finalement compris le poète, le tragique moderne ne peut être une réplique de celui des Grecs.

En effet, pour le Hölderlin des *Remarques sur les traductions de Sophocle* et des Lettres à Böhlendorff, le tragique moderne ne doit en aucun cas être une simple reprise du tragique grec, mais il faut plutôt que l'homme moderne assume *sa propre* relation au tragique, laquelle passe par l'épreuve du « défaut des dieux » qui se sont détournés de lui. Il apparaît alors que, si la tragédie grecque exhibe l'essence métaphysique originelle de l'homme, ce que Hölderlin appelle « tragique moderne » doit être compris comme exhibant, quant à lui, cette essence métaphysique cachée de l'homme moderne qu'il lui revient d'assumer. Or, c'est bien dans cette direction que s'oriente Heidegger, en particulier dans la conférence *Die Armut* (La Pauvreté) de 1945[105], où, commentant Hölderlin, il affirme que l'homme moderne, qui est à la recherche de l'abondance, doit faire d'abord l'épreuve de

---

105. Martin Heidegger, *La pauvreté* (*Die Armut*), Presses universitaires de Strasbourg, 2004.

cette pauvreté essentielle qu'est sa relation à l'être, en tant qu'il manque. C'est en assumant cette « pauvreté » qu'est la carence de l'ouverture à l'être, dans le monde moderne, que nous deviendrons « riches » de notre relation retrouvée à celui-ci. Et dans l'un de ses derniers texte, rédigé en 1974 et intitulé *Le Manque des noms sacrés*, il explique que le sens profond de la poésie-pensée de Hölderlin, est de nous permettre de prendre en vue l'âge technologique comme ce règne des Titans déchaînés, qui est en fait celui du « défaut de la venue en présence du divin », c'est-à-dire celui du « manque des noms sacrés »[106]. Ce « manque », cette perte des « noms sacrés », n'est rien d'autre, nous semble t-il, que l'effondrement *irrémédiable* de cet ensemble de règles coutumières portées par la langue et garanties par les dieux, qui fondaient la communauté humaine (en « refoulant l'*hubris* originelle de l'homme), tout en l'ouvrant au monde (à l'étant en son être) et que le structuralisme avait nommé, de son côté, « l'ordre symbolique ».

L'homme moderne ne peut donc en venir à assumer son propre *Da-sein*, c'est-à-dire la méta-physique qui constitue déjà sa nature à son insu, que s'il s'ouvre à lui-même comme « déserté par le divin » qui s'est détourné de lui, c'est-à-dire comme en proie à ce « manque du manque », à cette carence de l'ouverture au *méta-*, au fond abyssal de la *phusis* à travers l'ordre de la *diké* (qui permettait de dévoiler celle-ci et de l'habiter

106. Martin Heidegger, *Le Manque des noms salutaires*, in *la Réalité à répétition*, Dominique Saatjan, Paris, Lettrage, 2006, p. 99, trad. modifiée.

poétiquement). C'est de cette manière seulement qu'il pourra dépasser la métaphysique traditionnelle et ses illusions. C'est, en effet, seulement de cette manière que l'homme moderne peut cesser de se faire illusion sur lui-même - en s'imaginant être un sujet rationnel souverain, lequel va alors *subir* à son insu la menace de l'être – et se porter à la hauteur de ce qu'il est véritablement, c'est-à-dire de l'aliénation qui le caractérise, de façon à pouvoir alors la dépasser dans certaines limites. En effet, si le vers cité plus haut de Hölderlin, suivant lequel le défaut de dieu est « secours », ne doit pas être compris en un sens négatif, c'est dans la mesure où, à travers cette épreuve du défaut des dieux - à travers cette expérience de *deuil* - il va être possible d'en conserver la trace. Or, c'est dans l'art et la poésie que se trouve cette trace. C'est donc seulement à travers une telle épreuve qu'une certaine forme d'habitation poétique en rupture avec l'époque, pourra être, dans certaines limites, retrouvée. A travers la lecture heideggérienne de la poésie-pensée de Hölderlin et sa méditation sur le sens moderne du tragique, c'est finalement de *la forme ultime de la métaphysique* qu'il s'agit. Pour s'approprier celle-ci, il ne faut donc pas imiter les Grecs, mais bien se tourner vers la poésie de Hölderlin, comme Heidegger n'a cessé de le dire à partir de 1935.

Le vers paradoxal de Hölderlin véhicule ainsi, à condition de l'interpréter avec finesse et sans le radicaliser, une sagesse qui peut nous aider ou encore nous « sauver », dans certaines limites, de deux manières : il nous permet de conserver la *trace* des dieux enfuis, et donc de retrouver *partiellement* une habitation poétique de la *phusis* en rupture avec l'époque, tout en nous permettant de garder notre lucidité, en nous éclairant sur le fait que le nihilisme est indépassable, c'est-à-dire en nous sauvant de la volonté même d'être sauvé ! Ce vers de Hölderlin enveloppe donc un clair savoir concernant le sens secret de l'époque, qui provoque alors une imperceptible dissidence, une sécession discrète et inapparente avec celle-ci, de sorte que le questionnement philosophique véritable aujourd'hui, ne peut être qu'un « saut », libre et volontaire « en dehors de l'ordre »[107]. Et c'est ainsi, pour reprendre en la modifiant un peu une formule de Heidegger, qu'« invisibles, les penseurs et les poètes, habitent par delà les déserts de la terre dévastée »[108].

107. *Introduction à la métaphysique*, p. 25.
108. Martin Heidegger, *Dépassement de la métaphysique*, in *Essais et conférences*, Paris, Gallimard, 1976, p. 113.

# TABLE DES MATIÈRES

# Philosophie
## aux éditions L'Harmattan

### *Dernières parutions*

**ALAIN BADIOU**
**Vivre en immortel**
*Vinolo Stéphane*
À la différence de penseurs comme Deleuze ou Derrida, Alain Badiou est un philosophe classique, cherchant à apporter des réponses aux questions les plus anciennes de la philosophie. Pour Badiou, la philosophie n'est plus au coeur du processus de production des vérités. Toute la pensée de Badiou nous enjoint donc à cesser d'être des animaux humains pour devenir des sujets, à ne plus survivre à l'aune de nos seuls intérêts, pour vivre pleinement, c'est-à-dire, vivre enfin comme des immortels.
*(Coll. Ouverture Philosophique, 20.00 euros, 196 p.)*
*ISBN : 978-2-343-05087-4, ISBN EBOOK : 978-2-336-36612-8*

**CENT MILLIONS D'ORGASMES**
**Essai sur la pornographie**
*Rubino Francesco*
La pornographie sera l'un des objets les plus invasifs des réglementations morales à venir. Aux positions naïves (M. Marzano) et aux reconstructions puristes (C. MacKinnon) et relativistes (M. C. Nussbaum, L. Williams), ce «pornouvrage» oppose le sens authentique de cette anomie érotique : le sens d'un corps opprimé qui, pourtant, pornographiquement écrit (A. J. Magliacane) et se resymbolise dans un cri (P. Pat Califia) ou se désymbolise dans un fantasme (Ch. Ackerman, E. Lemoine-Luccioni).
*(Coll. Ouverture Philosophique, série Arts vivants, 24.00 euros, 240 p.)*
*ISBN : 978-2-343-05144-4, ISBN EBOOK : 978-2-336-36662-3*

**COURT TRAITÉ D'ONTOLOGIE**
*Bouvier Pascal*
Pourquoi existons-nous ? Est-ce que nous existerons après la mort ? Autant d'interrogations profondément humaines qui sont prises en charge par la philosophie. Au sein de celle-ci, une discipline spécifique se consacre à la question de l'être : l'ontologie. Elle semblait tombée en désuétude et dans l'oubli depuis les critiques sévères de certains courants philosophiques. Ce traité tente de saisir les grandes lignes de cette histoire de l'être.
*(Coll. Ouverture Philosophique, 14.50 euros, 148 p.)*
*ISBN : 978-2-343-04094-3, ISBN EBOOK : 978-2-336-36722-4*

**CRITIQUE (LA) RADICALE DE L'ARGENT ET DU CAPITAL CHEZ LE DERNIER-MARX**
**Matériaux pour une refondation du marxisme**
*Bayer Philippe*
Ce livre s'inscrit dans une réflexion sur la Critique radicale associée à ce qu'on peut appeler le Dernier-Marx. Ce Dernier-Marx, on peut le lire dans l'édition française du *Capital* en un repositionnement de Marx, venant problématiser sa pensée objective précédente, qui réceptionnait un donné du mode de production capitaliste pour l'interpréter comme un donné de l'histoire. À cette entreprise ruineuse pour le mouvement ouvrier, le Dernier-Marx substitue une problématique radicalement subjective à partir d'une ontologie de l'identité vitale.
*(Coll. Ouverture Philosophique, 25.00 euros, 248 p.)*
*ISBN : 978-2-343-04705-8, ISBN EBOOK : 978-2-336-36730-9*

**DÉCONSTRUCTION PHÉNOMÉNOLOGIQUE ET THÉOLOGIQUE DE LA MODERNITÉ OCCIDENTALE**
*Awazi Mbambi Kungua Benoît*
Le puissant travail de déconstruction phénoménologique et théologique de la modernité occidentale fait apparaître l'autisme épistémologique qui caractérise son horizon de la Mathesis Universalis à la base de ses productions scientifiques, techniques, athées, consuméristes et médiatiques. À travers cet ouvrage, l'auteur opère un puissant tournant prophétique, mystique et thérapeutique de la théologie négro-africaine de la libération holistique, échappant ainsi aux schèmes idéologiques et politiques des théologies occidentales frappées d'obsolescence.
*(33.00 euros, 320 p.)*
*ISBN : 978-2-343-03719-6, ISBN EBOOK : 978-2-336-36791-0*

**ÉVEIL BOUDDHIQUE ET CORPORÉITÉ**
*Marcel Antoine*
«Voir dans sa propre nature», dans le bouddhisme zen, est une expression convenue qui désigne l'éveil. Pourquoi, et comment ? Observant l'importance première donnée au corps dans la pratique méditative, la mise à l'écart de la noèse, l'auteur, s'appuyant sur les développements de la pensée phénoménologique à la suite de Maurice Merleau-Ponty, tente une investigation de l'éveil bouddhique.
*(Coll. Ouverture Philosophique, 12.00 euros, 108 p.)*
*ISBN : 978-2-343-05191-8, ISBN EBOOK : 978-2-336-36785-9*

**PROBLÈME (LE) KANTIEN DE L'ÉTHIQUE**
**Habiter le monde**
*Gaudet Pascal*
La philosophie critique de Kant peut être interprétée comme une éthique, qui signifie non pas seulement l'impératif de la vertu, mais l'exigence d'une réalisation du souverain Bien en l'homme et dans le monde. Ce livre montre comment la recherche d'un passage de la liberté à la nature fonde le projet d'une « habitation » du monde et permet de penser le sens éthique de la philosophie en ses domaines théorique et pratique.
*(Coll. Ouverture Philosophique, 12.00 euros, 110 p.)*
*ISBN : 978-2-343-05328-8, ISBN EBOOK : 978-2-336-36702-6*

**RACINE (LA ) DE LA LIBERTÉ**
*Urvoy François*
À l'issue d'un siècle qui a vu le plus grand écrasement des hommes et des peuples et en ce début qui en prend bien le relais, les préoccupations de liberté ont pris une urgence plus grande et plus sensible. Les investigations obtiennent jusqu'ici des résultats très décevants car elles s'attachent aux moyens externes sans jamais chercher qui et surtout comment on sera en mesure de les produire et de les mettre en œuvre. Il s'agit, ici, de remonter à la racine de la question : ce qui dépend de nous, ce que nous pouvons par nous-mêmes dans un monde qui nous produit et nous conduit.
*(Coll. Ouverture Philosophique, 27.00 euros, 258 p.)*
*ISBN : 978-2-343-03005-0, ISBN EBOOK : 978-2-336-36731-6*

**SYMBOLIQUE (LE) ET LE TRANSCENDANTAL**
*Verley Xavier*
Ce livre part du différend qui a opposé Frege et Husserl à propos du psychologisme. Comment ces deux pensées tournées vers une réflexion sur l'arithmétique ont-elles pu parvenir à deux conceptions si différentes de la logique ? Il est apparu qu'il s'agissait d'évaluer l'idée de représentation qui est au cœur du problème. Ainsi, faut-il se (re)présenter pour penser ou y a-t-il la place pour une pensée symbolique et aveugle ?
*(Coll. Ouverture Philosophique, 30.00 euros, 294 p.)*
*ISBN : 978-2-343-02833-0, ISBN EBOOK : 978-2-336-36557-2*

**CRITIQUE ET ÉMANCIPATION**
**Recherches foucaldiennes sur la culture arabe contemporaine**
*Beghoura Zouaoui - Préface de Jacques Poulain*
Cet ouvrage utilise les pensées de Michel Foucault dans la culture arabe. Il joint à une histoire socio-politique de cette culture une critique qui vise à y établir les conditions d'une émancipation réelle, indépendante de l'actualité brûlante qui semble la rendre aujourd'hui impossible. Cette expérience de critique socio-politique développe en effet les critères d'une émancipation intellectuelle qui conditionne toute émancipation sociale.
*(Coll. La philosophie en commun, 17.00 euros, 176 p.)*
*ISBN : 978-2-343-04092-9, ISBN EBOOK : 978-2-336-36304-2*

**DU FÉMINISME DANS L'ŒUVRE DE MICHEL FOUCAULT**
**A demain le bon sexe**
**Essai**
*Sastre Danièle*
«Le sexe, disait Foucault, ça s'administre, la sexualité, ça se subit ; quant à la sensualité, elle est chaque jour à inventer.» L'auteur a voulu rouvrir le dossier, emprunter les chemins qu'il a tracés en 1976 en écrivant son Histoire de la sexualité, qui est l'histoire des discours sur la sexualité, eux-mêmes histoire des corps investis par le pouvoir.
*(27.00 euros, 268 p.)*
*ISBN : 978-2-343-04763-8, ISBN EBOOK : 978-2-336-36305-9*

**GASTON BACHELARD, UNE POÉTIQUE DE LA LECTURE**
*Buse Ionel*
L'éthique bachelardienne est une éthique simple, mais pas du tout simpliste : l'homme du théorème est complété par l'homme du poème. Mais, si l'éthique est une direction de la pensée qui doit maîtriser notre avenir, la poétique est la source ontologique de cette pensée. C'est-à-dire la liberté de rêver doit être à l'origine de la liberté créatrice de la pensée ou de l'homme des théorèmes. En fait, il ne s'agit pas d'une éthique fermée dans les modèles artificiels d'une pensée techniciste, mais toujours d'une éthique soutenue, à l'origine, par une poétique de la pensée ouverte.
*(Coll. Ouverture Philosophique, 16.50 euros, 160 p.)*
*ISBN : 978-2-343-04292-3, ISBN EBOOK : 978-2-336-36292-2*

**HOMME (L') EST-IL UN ANIMAL POLITIQUE ?**
**Physique de la misanthropie, entre littérature et philosophie**
*Ainseba Tayeb*
Le compartimentage disciplinaire hérité du XIXe siècle pousse à opposer les intentions esthétiques de la littérature au chemin vers la vérité que serait la philosophie. Cette opposition nie la possibilité d'une philosophie littéraire tant que, réduite à un dogme, elle n'est pas critiquée. Ce livre, plutôt que d'opposer la littérature et la philosophie, raconte ce qui les rapproche en prenant un thème qui leur est commun, celui de la misanthropie.
*(30.00 euros, 298 p.)*
*ISBN : 978-2-343-04870-3, ISBN EBOOK : 978-2-336-36346-2*

**LOGIQUE ET RHÉTORIQUE SELON CHAÏM PERELMAN**
**ou le jugement partagé – L'éloquence de la raison**
*Melcer Jean-François*
Des trois volets de l'oeuvre de Chaïm Perelman – la philosophie du droit, l'éthique et la logique – le troisième est le moins connu. Les précédents tomes de *L'éloquence de la raison* ont mis l'accent sur les deux premiers. Il s'agit, à présent, d'expliciter les conditions épistémologiques de possibilité de la nouvelle rhétorique, conçue comme logique argumentative, non comme technologie persuasive.
*(Coll. Ouverture Philosophique, 31.00 euros, 304 p.)*
*ISBN : 978-2-343-04209-1, ISBN EBOOK : 978-2-336-36286-1*

**MERLEAU-PONTY - FREUD ET LES PSYCHANALYSTES**
*Le Baut Hervé*
Le parcours de Maurice Merleau-Ponty ne peut se comprendre sans le fil rouge de la Psychanalyse : dès sa thèse, il restaure le primat de la perception et du corps sexué à la lumière de Freud et de Binswanger. A la Sorbonne, il renouvelle la Psychologie de l'enfant en y intégrant M. Klein, J. Lacan et F. Dolto. Au Collège de France plusieurs cours font des rêves et de la libido une dimension inéluctable de l'humain. De nombreux psychanalystes et psychiatres se sont « laissés interroger par lui « : citons : H. Ey, A. Hesnard, P. Fédida, A. Green, J. Laplanche, J.-B. Pontalis, Luce Irigaray…
*(Coll. Ouverture Philosophique, 24.00 euros, 296 p.)*
*ISBN : 978-2-343-04080-6, ISBN EBOOK : 978-2-336-36381-3*

**L'HARMATTAN ITALIA**
Via Degli Artisti 15; 10124 Torino

**L'HARMATTAN HONGRIE**
Könyvesbolt ; Kossuth L. u. 14-16
1053 Budapest

**L'HARMATTAN KINSHASA**
185, avenue Nyangwe
Commune de Lingwala
Kinshasa, R.D. Congo
(00243) 998697603 ou (00243) 999229662

**L'HARMATTAN CONGO**
67, av. E. P. Lumumba
Bât. – Congo Pharmacie (Bib. Nat.)
BP2874 Brazzaville
harmattan.congo@yahoo.fr

**L'HARMATTAN GUINÉE**
Almamya Rue KA 028, en face
du restaurant Le Cèdre
OKB agency BP 3470 Conakry
(00224) 657 20 85 08 / 664 28 91 96
harmattanguinee@yahoo.fr

**L'HARMATTAN MALI**
Rue 73, Porte 536, Niamakoro,
Cité Unicef, Bamako
Tél. 00 (223) 20205724 / +(223) 76378082
poudiougopaul@yahoo.fr
pp.harmattan@gmail.com

**L'HARMATTAN CAMEROUN**
BP 11486
Face à la SNI, immeuble Don Bosco
Yaoundé
(00237) 99 76 61 66
harmattancam@yahoo.fr

**L'HARMATTAN CÔTE D'IVOIRE**
Résidence Karl / cité des arts
Abidjan-Cocody 03 BP 1588 Abidjan 03
(00225) 05 77 87 31
etien_nda@yahoo.fr

**L'HARMATTAN BURKINA**
Penou Achille Some
Ouagadougou
(+226) 70 26 88 27

**L'HARMATTAN SÉNÉGAL**
10 VDN en face Mermoz, après le pont de Fann
BP 45034 Dakar Fann
33 825 98 58 / 33 860 9858
senharmattan@gmail.com / senlibraire@gmail.com
www.harmattansenegal.com

**L'HARMATTAN BÉNIN**
ISOR-BENIN
01 BP 359 COTONOU-RP
Quartier Gbèdjromèdé,
Rue Agbélenco, Lot 1247 I
Tél : 00 229 21 32 53 79
christian_dablaka123@yahoo.fr

652354 - Mai 2016
Achevé d'imprimer par